天下文化
BELIEVE IN READING

陌生的美麗

突破日常的人文力量

張錯　劉克襄　林正盛　黃尹青　李清志　林強

雷光夏　鍾文音　吳佳璇　鄭穎　黃麗群　著

目錄

序 004 林建煌 人文藝術與醫學的美麗交織
序 006 張錯 如何在一所醫學大學建立人文素養
— 010 張錯 一杯一碗裡的世界史 —解構遠洋貿易瓷—
— 042 劉克襄 做人生的探險家 —少年壯遊，寫下歷史—
— 064 林正盛 世界因差異而美麗 —自閉兒給我的生命教育—
— 084 黃尹青 放閃的人生 —珠寶裡的生離死別、愛恨情仇—

104 李清志 創造你的美感京都——以腳行走，用心感受——
128 林強 雷光夏 從專注找回自在——進入電影配樂的世界——
146 鍾文音 捨不得不見妳——生命與書寫的漫漫長夜——
166 吳佳璇 接住每一段破碎的生命——精神科「浪人醫師」的人文追尋——
190 鄭穎 戀上細節裡的絕美——從實用到風雅——
208 黃麗群 一個人走路，走一個人的路——一位作家的旅行獨白——

序一 人文藝術與醫學的美麗交織

林建煌
臺北醫學大學校長

從《給未來醫生的六堂人文課》、《跟著大師品人文》、《在人文路上遇見生命導師》、《向世界出發，走回真實人生》，到如今這本《陌生的美麗》面世，這一系列的出版，象徵臺北醫學大學在醫學人文藝術領域的用心，從播種、耕耘、灌溉到開花結果的歷程，呈現在社會大眾眼前，讓更多愛書的朋友，享受閱讀的樂趣。

臺北醫學大學自二〇一五年開始，將「人文與藝術講座」集結成冊出版，至今已付印第五本。這幾年來，北醫校園在醫學專業之外，充滿了藝術人文與社會關懷的氣氛，形成獨特人文修養及生活美學的深厚底蘊。因此，今年北醫以「陌生的美麗」為主題，將過去一年與多位藝術人文大師的美麗邂逅，共譜閱讀的浪漫與心靈饗宴。

回顧從一〇二學年度開始，開設人文與藝術講座，北醫師生展開人文藝術之旅，探索人性與生命之美。七年多來，這堂講座課程在數十位國內外藝文大師的加持下，如今綠樹成蔭。

人文與藝術講座課程內容豐富而多元，涵蓋文學、歷史、美學、戲劇、小說、攝影、旅遊、繪畫、美食、舞蹈、電影、音樂等等，讓北醫師生都能親炙藝文大師的風采，汲取他們畢生鑽研的心血結晶，累積藝文美學的深度與廣度，成為兼具醫學專業與人文社會關懷素養的優秀人才。

科技始終來自於人性，醫學更要具有人文關懷。二〇二〇年臺北醫學大學將邁入一甲子，為了歡慶六十年的艱辛成長歲月，北醫將一本初衷，繼續致力深耕人文藝術教育並帶動風潮，喚起醫學界及社會大眾對人文藝術的重視與喜愛，共同營造和諧共好的美麗境界。

序一 如何在一所醫學大學建立人文素養

張錯
臺北醫學大學人文藝術中心資深主任

臺北醫學大學，顧名思義，是一所醫學大學，畢業出來的博士是MD.（醫學博士），不是Ph. D.（哲學博士），專業就是醫生。雖校歌中提到「學好做人方做醫」，但「做醫」仍然是醫事專業人才的抱負與初衷。但是如何要他們先學做人，就要自人文教育做起。

人文學科及社會科學組成的博雅教育，英文為Liberal Arts Education，原是拉丁文Artes Liberales，是西方最早訓練全人的通識教育，包括人文學科與社會科學的文理課程。北醫通識教育中心與它附屬的人文藝術中心所負擔起的任務，尤其是後者強調的人文與藝術，主要功能就是培養臺北醫學大學學生的「人文素養」，也可廣泛稱為「文化素養」(Cultural Literacy)。

中文的素養一詞蘊含平素修養之意，《漢書．李尋傳》：「馬不伏櫪，不可以趨道；士不素養，不可以重國。」那就是說，除了專業訓練以外，平日有恆的修養是不可或缺之事。

文化素養一詞，在上世紀八十年代美國學者赫許（E.D. Hirsch Jr.）名著《文化素養》（*Cultural Literacy: What Every American Needs to Know*, 1987）一書而成為家曉戶傳的名詞。赫許的literacy（素養），是指一個國家或社會中，每人所共有或共享的知識，藉著人們共知事物，社會成員得以相互溝通、彼此認同。每個社會都有其文化傳承，有些是為全人類所共有，有些則是自己社會所獨享。中華文化在古代先秦六藝教育和漢朝以後通常的儒家教育，都是一種必需的文化傳承。六藝教育注重綜合知識和技能，儒家教育偏重人格和人文質素，就像當初希臘時代前三藝後四藝組成的七藝。

中世紀聖奧古斯丁（St. Augustine）曾在其《懺悔錄》內記載，年輕時在一個深夜裡，和一批孩童走到他家葡萄園附近的一棵梨樹下，雖然樹上結的青澀果實色香並不誘人，他們還是全部搖下來，只吃了一些，把其餘的拿回去餵豬。

奧古斯丁說，他們這樣做，是因為知道這是犯罪的，他也並不是真的要吃那些梨子，而是欣賞自己的偷竊行為與罪惡。自基督教義而言，他認為這就是世人失樂園後原罪的「惡」，需要聖子的聖血來洗滌。

人性無知的惡，還要加上漢娜・鄂蘭（Hannah Arent）所提出人類盲從的「平庸之惡」（*The Banality of Evil*）。從渾沌無知到被意識形態操縱的社會裡，人類藉教育與知識傳授，控制人的成長成熟。德國國家社會主義產生的納粹黨，日本軍隊侵略的大屠殺，中國紅衛兵的狂熱暴行，背後就是知識的操縱，也就是傅柯說的：「知識產生權力，權力操縱控制。」（knowledge generates power, power manipulates）。

所以赫許在《文化素養》的最後一章，列出數百個美國文化素養必須學習的關鍵詞，後來更寫有兩本專著，《我們需要的學校：為何付諸闕如》（*The School We Need: And Why We Don't Have Them*, 1996），以啟蒙運動及浪漫主義闡明人的價值與人文求索，另一本則是《為何知識那麼要緊：自失敗的教育理論拯救孩子》（*Why Knowledge Matters: Rescuing Our Children From Failed Educational Theories*, 2018）。

臺北醫學大學與天下文化合作出版醫學人文叢書，已屆第五本《陌生的美麗：突破日常的人文力量》。突破日常的人文力量，正是北醫大「人文藝術中心」數年來孜孜不倦的努力方向，利用專家作者們在「人文與藝術講座」課程不同領域的公開演講，彙集成書。堅信今天陌生的美麗，將成為眾人熟悉的願景。

於二〇一九年兒童節

一杯一碗裡的世界史

名家 張錯

01

THEME

解構遠洋貿易瓷

認識名家

詩人學者張錯，本名張振翱，台灣國立政治大學西語系學士，美國楊百翰大學英文系碩士、西雅圖華盛頓大學比較文學博士，現為南加州大學比較文學系及東亞語文學系榮譽教授。

起初，他的研究專長為現代文學思潮、現代詩及比較文學，近來對文化研究著力頗深，研究領域擴及大眾文化、視覺與物質文化與古代文物考察等面向。

對張錯而言，「生命裡當然有它本分的東西，可是也有很多跨行越界的地方。當你不斷尋求以後，生命會多出很多不同的涵義，而我在學問裡是屬於不太安本行、本分的那種人。當文學的研究時有不足，我會試圖用不同的區域意義去演繹文本，從單元到多元文化，並嘗試中、外各種方法與理論。於是，我從文字文本跨越到藝術的視覺文本，亦即跨越到物質文本，並透過詮釋文本裡的物質，顯露更大的涵義。」

在器物方面，張錯已陸續出版《雍容似汝：陶瓷、青銅、繪畫薈萃》、《瓷心一片：擊壤以歌．埏埴為器》、《風格定器物：張錯藝術文論》、《中國風：貿易風動．千帆東來》、《青銅鑑容：「今昔居」青銅藏鏡鑑賞與文化研究》、《蓪草與畫布：十九世紀外貿畫與中國畫派》等專著。當詩人走向器物書畫，由現代詩回溯傳統歷史文化長河的點點遺跡，中西之間、古典與現代、文學與物質、知性與抒情，在不同眼光的靈敏流動與激盪中，有了更為細膩與深沉的考索。

從英美文學走向中西藝術文化，在龐大體系中進行跨域研究，張錯無畏於從頭開始學習。在這條知識與書寫的道路上，發現的熱情持續澆灌著他，他也因此找到了學術的歸宿。

以外貿瓷為例，牽涉的是在東西文化交流背景下產生的「中國風」；中國風之廣，又帶領他從十七世紀直落十九世紀，從瓷器探入絲綢、繪畫、服飾，百般縱橫，他親身體會到，學院壁壘鮮明的分界竟使他無從歸屬，然而人本身就有多面向，人所帶動的歷史文化亦然，因此打破疆界並不代表漂泊無依，反而能在更為融通的視野當中，找到精神的避風港。

張錯以自己生命及研究的歷程證明，一個文學人也能同時是藝術史人、考古史人或歷史人，也許還能更多。重要的是，永保那一顆不停止叩問世界的過去、現在與未來的人文之心。

精采講堂

人間無言，瓷心有語，細聽外貿瓷傾訴三百年歷史。

今日的人文或文學研究，已不僅是單純剖析文本故事，還牽涉當中描繪的時代背景、醫藥、文物、骨董、服裝、習俗等。由於研究旨趣的拓展，個別學科之間研究領域經常會相疊、互通。

以我本人而言，大約由二十年前，便由「文字文本」逐漸轉移至「視覺文本」。所謂「視覺文本」是由文物入手，其目的並非指出「這個文物是什麼」，而更重視「它為什麼存在」、「如何演變至此」。最初，我由青銅、陶瓷與書畫為起點，開始進行文化史、藝術史、文學等方面的研究，至五年前出版了《中國風：貿易風動．千帆東來》這本著作。

「中國風」譯自法文Chinoiserie，這個單字後來也成為英文的外來語，現今已成為一個研究的子分類。

台北故宮博物院曾策劃一個「康熙大帝與太陽王路易十四」特展。清代康熙皇帝受傳教士影響，十分重視西方的科學儀器與藝術文化；法皇路易十四則對東方文化興趣濃厚，四處購入東方文物。

兩人所處的十七世紀後半至十八世紀初期，東西文化密切交流，開啟了歐洲對東方文化與藝術的好奇、模仿與再創作，形成「中國風」這種特有的藝術風格。「中國風」當中雖也有誤解，但仍代表了西方對東方文化相當初始的接觸。

綿延千年的瓷器貿易

中國風之所以興起，牽涉東西方的貿易往來，其中「外貿瓷」（export porcelain）便是相當具有代表性的一大類作品。

舉世聞名的「絲綢之路」有陸路與海路，是歷史上串聯東西方貿易的主要通道。漢代輸往中東的多以絲綢為主，瓷器為副。主要原因在於漢代的陶瓷燒造技術未臻完熟，尚在陶器與炻器❶階段，未得外商青睞，出口數量不多。

直到唐代中期，安史之亂使得國勢大減，西域一帶的控制權轉由大食（阿拉伯帝國）的阿巴斯大帝（Shah Abbas the Great）及西北部的吐蕃、回鶻等部族把持，絲綢之路貿易遽減，於是開始發展「海上瓷路」。商船自廣州起航，經南中國海，繞過馬六甲海峽，在印度西海岸補給，沿海岸線至波斯灣抵達巴格達（今伊拉克首都），甚至橫渡印度洋，直抵東非。

唐代瓷器，南青北白，工藝精巧，建窯與吉州窯的黑釉瓷器與茶藝飲用密切結合，外銷瓷器已不只是生活商品，更是文化藝術良品。

到了宋代，無論陶瓷燒製或造船技術，

❶ 陶瓷器依原料與燒成溫度不同，分為瓷器、陶器、炻器與土器四大類。瓷器的孔隙最為緻密，炻器學名為stoneware，台灣稱「石陶器」或「粗陶土」，介於陶與瓷之間。

更勝一籌。南宋時期皇室蹇居臨安，北方土地大部分為遼金所占，僅靠江浙一帶出海貿易為經濟命脈，無論在造船、貨物、航海技術、航線，間接替明代打下最扎實的海貿基礎。

明清兩代，輸出外貿項目最具代表性的就是茶葉和瓷器。

▲ 歐洲人將來自東方的「外貿瓷」視為高雅藝術品，並衍伸出「中國風」的流行。

明朝開國後，西邊尚有夷狄殘餘，東邊又有反賊、海盜、倭寇猖獗，強敵一時難以兼顧，國力又未及江浙一帶，遂而海禁不絕，時緊時弛。瓷器生產力不穩定，青黃不接，對海貿供應影響頗大，也帶動了日本有田燒❷、泰國青瓷、越南青花❸乘機茁起，大量生產輸出，形成另一種外貿瓷類，甚至產生所謂「過渡期瓷器」（transitional wares）❹。

鄭和七下西洋

然若論遠洋貿易之最大成就，仍數明成祖永樂帝派遣鄭和率領寶船七下西洋，開拓南洋一帶的貿易。鄭和七度出洋，瓷器當是主要貨品之一，但更重要的意義，卻是落實瓷路路線與眾國的商業互動關係。

此處所謂西洋，指「西邊之大洋」，即印度洋。稱為寶船，意為運寶之船。資料顯示，寶船供船隊指揮人員、使團人員及外國使節乘坐，同時用來裝運寶物，有明朝皇帝賞賜給西洋各國的禮物、各國進貢明朝皇帝的珍品，還有船隊在海外貿易交換得來的物品。

寶船共六十二艘，名為「清和」、「惠康」、「安濟」、「靖遠」等；還有編號，每「號」母船有船十艘，編十號。寶船是大型海船，船有四層，船上九桅可掛十二張帆，錨重幾千斤，要動用兩、三百人才能啟航；每船可容四、五百人，最大更可容上千人，載重千噸。

鄭和於一四〇五（明永樂三年）至一四三三年間，七次遠洋航海，跨越東亞地區、印度次大陸、阿拉伯半島及東非各地。這二十八年間，他率領兩百四十多艘海船、兩萬七千四百名船員的船隊遠航，造訪三十餘個西太平洋和印度洋國家地區進行貿易，七次下西洋的總航程共達七萬多海里。

鄭和出洋的外交成就驚人。第三次返航時，有印度古里國等高達十九個國家隨他一同

❷ 有田位於日本佐賀縣，有田燒是日本歷史上最早的瓷器，在中國景德鎮與朝鮮製瓷技術的基礎上發展而成；因由伊萬里港出口至歐洲，又被稱為「伊萬里燒」。其特色為具透明感、色彩絢麗。

❸ 越南青花呈色較淡淺，近似波斯青花粉藍，不像康熙寶石藍那麼深湛亮麗、容易辨認。

❹ 明末清初官窯生產活動停止，但民窯燒製的青花瓷胎釉精良、色調青翠淡雅，且富文人與世俗氣息，被特稱為過渡期瓷器。

來朝。第五次出航回國，也有非洲索馬利亞等十五國貢使隨同。永樂年間，來華使團規模龐大，馬來半島滿剌加國（今馬六甲）使團曾達五百四十人，印度古里使團竟達一千一百人。

空前絕後的航海家

鄭和出洋，比哥倫布發現美洲早了六十多年、比達伽馬發現印度新航路早了七十多年。梁啟超曾感嘆，鄭和是世界史上難得的「航海偉人」，然而相較於西方探險家繼哥倫布、達伽馬紛至沓來，中國卻「鄭和之後，再無鄭和」：

> 顧何以哥氏、維氏（指維哥達嘉馬，即達伽馬）之績，能使全世界劃然開一新紀元；而鄭君之烈，隨鄭君之沒以俱逝？我國民雖稍食其賜，亦幾希焉。則哥倫布以後，有無量數之哥倫布；維哥達嘉馬以後，有無量數維哥達嘉馬；而我則鄭和以後，竟無第二之鄭和。噫嘻，是豈鄭君之罪也！（《祖國大航海家鄭和傳》）

清代乾隆年間一口通商，在廣州設立十三行做為中間經手人[5]，出海貿易商船多從黃埔港出海，商船利用季候風「一來一往」：一來採購，一往出售於歐美與中國。

中國商船集中在東亞、東南亞、南亞及阿拉伯中東地區買賣居多。至今在東南亞打撈出來的沉船貿易瓷，船隻多為中國或南亞海船，沉船原因或遇風暴、或觸礁、或失火、或航駛技術意外。無論東西方海域，皆有載瓷沉船的情況，而「沉船外貿瓷」亦成為我將持續研究的主題之一。

西元十六世紀至十九世紀，約明朝至清朝三百年間，陶瓷貿易如火如荼，其中兩大關鍵就是葡萄牙海上稱霸，以及東印度公司據點先後成立。

葡萄牙海上制霸

葡萄牙國王若昂一世的第三子「航海者亨利」（Prince Henry the Navigator）雖非王儲，卻雄才大略，建立全世界首座航海學校、港口及船廠，有系統的研究航海科技。

葡國進而造出能趁風力遠航的人帆船克拉克（carrack），這些船舶均裝有數十門火砲，西班牙亦稱之為炮船；船高七層，除載貨外尚能載八百人員。

一五〇九年發生著名的「第烏海戰」（Battle of Diu），葡萄牙於西印度洋以十五艘克拉克船，迎戰一百多艘回教國家與埃及由單桅帆船組成的聯合艦隊。

聯合艦隊僅用弓箭，而葡艦隊炮火猛烈，近一百碼便轟射敵船，打得對手潰不成軍。於是葡萄牙掌握印度洋的制海權，控制印度沿海補給及貿易地區，如印度的臥亞（Goa）、錫蘭（Ceylon），以及馬來半島的馬六甲，不久便航向中國的澳門。

❺ 清廷特許廣州的十三家行商專辦貿易事務，當時若外商要與中國官方交涉，也必須由十三行做中介。

美國世界史學家麥克尼爾（William McNeill）於其名著《西方的興起》（*The Rise of the West*）中主張，現代西方興起於西元一五〇〇年。葡萄牙由於航海技術突飛猛進，奠定了成為歐洲首位海上霸主的基石。

藉由先進航海設備及技術，克服大西洋的驚濤駭浪，歐洲水手們亦乘風破浪，無遠弗屆。

探險時代來臨

哥倫布、達伽馬、麥哲倫，還有比達伽馬更早繞過好望角（當時名為驚濤角；Cape of Storms）直抵印度的葡萄牙船長狄亞士（Bartolomeu Dias）等許多航海家，勇敢駛向海洋未知處，大航海時代帷幔緩緩拉開。船舶駛出一道道海上橋梁，搭向美洲大陸、南亞、東南亞，展現人類對未來世界憧憬追尋的舞台。

在另一部著作《世界史》（*A World History*）中，麥克尼爾繼續指出，「一五〇〇年也是世界史標誌著重要的轉捩點，歐洲人各種發現使地球上的海洋成為通往商業與征服的公路。他們創造出一種嶄新的文化邊疆，沿著每個有人煙的海岸對手（along every habitable coast that rivaled），最後超越他們　。」

然而，何以麥克尼爾能夠大言不慚稱，葡萄牙人開始遠航的兩百年後，西方崛起，成為稱霸全球的主人？

答案在於，除了船堅炮利的海上武力，基督文明也附會科學真理四方傳教，使得西方的人文意識形態與文化價值觀，隨著外貿航線不斷向全世界海岸線輸出。

葡萄牙之後有西班牙，西班牙之後有英法，英法之後有荷蘭，海上霸權不斷擴大，開始在非洲、印度、東南亞國家（如印尼、馬來半島、菲律賓），甚至遠至澳門、香港建立殖民地，臣服國家不斷受其影響。

建立殖民帝國

英國與荷蘭於一六〇〇、一六〇一年分別設立東印度公司，主宰東方貿易。一六六四年，法國亦不耐久向葡萄牙及荷蘭購買瓷器，另設東印度公司。

在此大航海、大地理時代，西方國家以貿易與傳教為名朝東而來，進入阿拉伯半島伊斯

「航海家勇敢駛向海洋未知處，
展現人類對未來世界憧憬追尋的舞台。」

蘭國家、印度及北方的蒙兀兒帝國。滿清時的中國和日本長崎已無法抵擋西潮洶湧而入，束手無策之際開啟了維新運動。從中國明末的西學東傳到清代洋務運動，均可視為知己知彼、急起直追的努力。

與之對照，鄭和下西洋可謂「敦親睦鄰」。除稍有涉入馬六甲一次政治鬥爭，在其他國家地域，除了貿易外交活動外，並無一絲一毫帝國主義的軍事侵略或殖民野心。

梁啟超提到：「鄭和下西洋後而移居南洋諸島，當不下五百四、五十萬人，加上與土著人雜婚者，當及七百萬人。」他們在當地娶妻生子，成為第一代海外華僑。西方殖民，以統治者姿態，由少數侵略者去統治大多數本地人。中國殖民是移民遷入宗主國歸化，雖然在某種程度保留原鄉風俗，但無疑在歸化過程中，已轉化成宗主國國民。

可惜明朝大航海家僅得一位鄭和，之後便後繼無人。

客製多元瓷器

在此歷史背景下，瓷器隨著貿易往來有了多樣的發展。

外貿瓷可分為兩種，一種是中國製成，以貿易方式大批賣給西方的瓷器，這種瓷器形狀紋飾依照中國傳統設計燒製，並未受太多西方影響；另一種是由西方買家指定數量及提供圖案藍圖，直接向中國景德鎮訂製，法文稱之為「中國訂單」（Chine de Commande）。

▲ 所謂「中國訂單」的瓷器會依照西方買家提供的圖案訂做，如仿自法瓷利摩日的彩繪大碗，便以西式花鳥為主紋飾。

十七世紀末，輸入歐洲及北美大陸的許多外貿瓷便是按單訂製，式樣繁多。

伯德萊（Michel Beurdeley）撰寫的《東印度公司瓷器》（*Porcelaine de la Compagnie des Indes*）英譯本改名為《中國外銷瓷》（*Chinese Trade Porcelain*）。他在「導言」稱故意用法國東印度公司瓷器為書名，主要是指法國人追循其他國家，以東印度公司進行商業買賣與政治活動；改名《中國外銷瓷》，即有為這些瓷器正名之意。

他並風趣的指出，中國並非墨守成規的民族，外銷茶具可以供日本茶道需要；銷往伊斯蘭國家的盤碗，會以阿拉伯文寫滿《可蘭經》經文；賣往菲律賓、印尼的淺釉大陶罐極受當地人歡迎；歐洲國家則因基督徒對蟠龍圖騰沒有多大興趣，遂改用花鳥為主紋飾推銷，或由西方人描繪圖像讓中國畫師仿繪燒製。現存巴黎吉美博物館一只仿自法瓷利摩日（Limoges）的彩繪大碗，便為一則絕佳例證。

伯德萊一再強調，儘管西瓷沒有銷往東方，然因外貿關係，東印度公司可以在訂單繪下圖示，指定東方依圖燒製，東西瓷器因而互相影響。

餐桌上的藝術品

這類訂製瓷器以族徽全套餐具數量最多。這些全套餐具由豪門貴族訂購，其上加繪族徽或家族姓名。

其中包括用來將醬汁澆在肉上的肉汁舟

（sauce boat），中國瓷器原無此器型，便依版燒製。西方還有一種稱為「甜肉」（sweet meat）的小盤，上放蜜餞或開胃小食，擺在餐桌上，有時更分塑男女瓷偶各捧肉盤。

東方雖有小拼盤，但總不似特製之甜肉盤來得華麗大方。

▲「中國訂單」瓷器以加上族徽的全套餐具數量最多。

一些早期仿製西洋鍍銀或鍍金器皿的低溫外貿瓷花樣眾多，具西方巴洛克、洛可可誇張風格，飾有花卉、動物浮雕。因是低溫彩陶（faience），體型碩大，容易上釉渲染，因此彩色斑斕、構圖工整，悅目怡心。如有蓋湯盆，西方飲宴第一道菜多是羹湯，主人以精美湯盆先聲奪人，常令來客歡喜讚嘆。

此外尚有大、中、小尺寸不等的瓷器碗碟及茶杯。尤其在英國，茶葉被視如珍品，價格昂貴，因此配茶的器皿另含茶壺、奶壺、砂糖壺（砂糖自中國發明後，引起英國人喝紅茶加糖或奶的興趣）等配件，十分講究。一般非正式的外貿瓷杯，則以咖啡杯或啤酒杯最多，其特徵為纏籐式杯柄，茶壺柄亦然。

英國有一種陶偶叫「陶啤壺」（Toby

▼「肉汁舟」是特別依照西式飲食需要燒製而成的器型。

◀「甜肉」是用來放置蜜餞或開胃小食的拼盤。

▼ 西方飲宴第一道菜多是羹湯，華麗風格的湯盆能令客人留下深刻印象。

▲ 特製的青花兩頭油醋調味器，是因應食用蔬菜沙拉而生的訂製瓷器代表作。

jug），形狀滑稽，戴著氈帽，醉態可掬。陶啤壺體內中空，可做酒壺或酒杯，酒從頭頂帽沿傾出飲用。這些人物瓷偶尤其生動有趣，多以西洋風土人物為主，瓷偶銷往哪國，便以為該國人物及服裝為特色。

尚有種穿孔網狀的瓷籃及大盤，用來放置蔬果，以免潮濕。尤以清代晚期彩瓷中的「煙草葉」紋飾最受歡迎。

餐碟則以尺寸分湯碟、主菜碟、甜點碟、大碟，碟面上描繪諷刺漫畫或政治人物肖像，以做用餐談笑之資。此外，因為西方愛吃蔬菜沙拉，需要調味器，尤其是二合一的青花兩頭油醋調味器，為外貿瓷依訂單製造的代表作。

供應皇室貴族的族徽餐具較為高雅華麗，後來發展成大批生產的青花「紋章瓷」（Fitzhugh porcelain），風格清新、對稱工整，極受西方歡迎。

訴說一樁歷史悲劇

另一只族徽大碟，屬荷蘭東印度公司總督維肯尼亞（Adriaan Valckenier）訂購的餐盤。

現藏英國V&A博物館（Victoria and Albert Museum）的維肯尼亞族徽大碟明顯經過使用，較好的一只由美國維吉尼亞州的華盛頓與李大學（Washington and Lee University）收藏，碟面開光墨彩插圖更加清晰。

資料顯示，一七二〇年由於歐洲蔗糖市場逐漸飽和，印尼爪哇的甘蔗農場面臨更便宜的巴西蔗糖及咖啡的激烈競爭，許多農場主破產。一七四〇年隨製糖業衰退，失業華人增多，盜賊四起。

▲ 荷蘭東印度公司總督維肯尼亞訂購的族徽大碟，精緻表面承載的是主人經歷巴達維亞大屠殺的歷史悲劇。

由於警察抓獲的罪犯多是穿黑衣的華人，殖民當局下令，凡看到穿黑衣褲的人一律捉拿。大批華人受到無辜牽連，進一步加劇華人與荷蘭殖民者之間的矛盾。

接著，殖民當局準備押解被捕華人到錫蘭做苦力，但華人間傳言，這些流放者將會在途中被拋落大海。部分華人不願坐以待斃，逃至巴達維亞（今印尼雅加達）城外，準備攻城自衛。結果有叛徒向殖民當局告密，使當局有所準備。

十月九日，殖民當局以華人準備攻城為藉

口，命令城內華人交出一切利器，同時挨戶搜捕華僑，不論男女老幼，捉到便殺，對城內華人進行血腥洗劫。由九日至十二日，城內華人被殺近萬人，即使關在監獄及臥病在醫院，也不能倖免，僥倖逃出者僅一百五十人。而城外華人不知消息已泄露，按原計畫攻城，激戰三日，傷亡千餘人，終因孤軍奮戰，導致攻城失敗，被迫轉往中爪哇。

此即巴達維亞大屠殺，因發生地點位於城西一條名為「紅溪」的河流附近，故又名「紅溪慘案」。維肯尼亞時任該城總督，因此次事件於一七四一年遭撤職，一七四四年判處死刑，所有財產沒收，一七五一年便死於獄中，死時調查仍未結束。

一只族徽大碟，引出如此巨大複雜的歷史悲劇，足見物質文化研究，不應只是物質本身，而是它所具有的歷史背景或主人的故事。

普龍克瓷，中國風尚

這些訂製的瓷器亦有中國風作品，荷蘭的普龍克瓷（Pronk porcelain）便為一例。現存海牙的荷蘭東印度公司檔案訂單，依然可以看到指定訂購各種款式，如長形子彈流管茶壺、各式茶杯及咖啡杯的素描藍圖。

普龍克（Cornelis Pronk）為荷蘭阿姆斯特丹一名畫師，素描功力深厚。一七三四年，荷蘭東印度公司台夫特（Delft）總部委託他設計向中國景德鎮訂購繪燒瓷器系列圖案，類別頗為龐大，包括全套餐器、茶具、花瓶，以及安放在壁爐架、壁龕或瓷櫃的飾瓷（garnitures），分別燒成青花、伊萬里❻及粉彩❼等瓷器。

所謂「飾瓷」，實與當時歐洲建築房屋設計有關。西方古代屋內便有壁龕以安放雕像之設計，如同中國寺廟或石窟安放千佛，後用於房屋室內時多安放於廚房、廚櫃或壁爐架上，所以法文稱這種飾瓷為「壁爐華飾」（garniture de cheminée）。貿易瓷器一流行，被視為高雅藝術品，歐洲人擺設家中，以炫耀財富及品味。

普龍克以三年餘設計出四個系列，有四種不同款式的圖畫。第一款最為流行，稱「羅傘少婦」（La Dame au Parasol），在多半早已散佚毀壞的原稿中，羅傘少婦的原設計圖至今仍保存在阿姆斯特丹的荷蘭國家博物館（Rijksmuseum）。

「羅傘少婦」於一七三四年繪成後，一七三五年送往巴達維亞，隔年分別送往中國及日本繪燒。這些設計主圖細膩、飾邊（border）精緻，仿繪費時耗力，老手繪匠亦不易找，因而造價昂貴，又做了不少修正。一七三七年開始輸出第一批產品，經巴達維亞運往荷蘭。青花、粉彩、伊萬里三色均全。

承襲與變調皆俱

第二款為「四博士」（Four Doctors，一般書籍都說是三博士，此處是根據荷蘭瓷學大師約格〔Christiaan Jorg〕所著*Porcelain and the Dutch China Trade*, 1982, p.100, 104）。

畫中坐著三人，看來應是福祿壽三星，其

後佇立一名博士指天無語，無所事事。坐者三人中，兩人對坐，但不下棋，第三人坐於中間觀看；矮桌上放的不是棋盤，竟是一只克拉克青花大盤！

柯玫瑰（Rcse Kerr）在《中國外貿瓷》（*Chinese Export Ceramics*）稱此設計可能源於中國王質觀棋爛柯❽的典故。任昉《述異記》記載：「信安郡有石室山，晉時王質伐木，至，見童子數人棋而歌，質因聽之，童子以一物與質含之，不覺饑。俄頃，童子謂曰：『何不去？』質起視，斧柯爛盡，既歸，無復時人。」然而四博士圖無棋局，更缺爛柯，也不見王質，可見似是而非，看來又是歐洲典型的「中國風」了。

第三款原稿全部佚失，因此無從對認，約格指出可能是「箭手」（The Archer）或「洗手」（Handwashing）兩種，但難以考證。

第四款「涼亭」（Arbor）由青花繪製，也有粉彩。青花是釉下彩❾，一旦蓋上透明釉後便不能修改，所以在青花、粉彩及伊萬里三種調色中，以青花瓷的明亮蔚藍最費功夫。「涼

❻即有田燒，日本有田（佐賀縣有田町）為中心所生產的瓷器總稱。

❼康熙後期發展出的新型彩瓷，先在瓷胎上塗上含砷的玻璃白「打底」，再以濃郁的琺瑯彩繪製圖案，形成油畫般濃淡分明的效果。

❽柯指斧柄。傳說樵夫王質遇仙人對弈，離去時卻發現自己的斧頭斧柄已經朽壞，回家後更是人事全非。因此爛柯也成為圍棋的別稱。

❾在生坯或素坯上直接上色繪圖，接著才上釉，色料與瓷器合而為一。因上釉後還需經過高溫窯燒，因此顏色變化極難掌握。

▲「羅傘少婦」是普龍克瓷最為流行的款式。

◀「四博士」樣式源自中國王質觀棋爛柯的典故，但矮桌上放的是克拉克青花大盤而非棋盤，可見中國風外貿瓷的模仿與變形。

▼「涼亭」內有情侶獻愛、孩童閒坐，呈現靜謐美好的氛圍。

亭」內一對情侶獻花求愛，亭外有小孩席地而坐、有人佇足，鳥語花香，前景還有蓮池鴛鴦戲水。飾邊十二開光[10]，似克拉克瓷，分繪花果昆蟲蝴蝶。德國麥森（Meissen）[11]的粉彩茶壺杯瓷，曾一度仿自「涼亭」構圖。

坊間亦流傳普龍克另一款頗為抽象的棕櫚葉紋飾，十分適合全套餐具圖案，但與上述四款中國風風格殊異。此款部分餐具現存紐約大都會藝術博物館，但就連館內人員亦無法確定

[10] 瓷器上的一種裝飾，在不同形狀的欄框中繪製圖紋，如開窗見光，故名開光。

[11] 三百多年前，熱愛中國瓷器的神聖羅馬帝國「強者奧古斯都二世」於麥森成立了歐洲第一座瓷器工坊，麥森瓷器至今有歐洲第一名瓷之稱。

為普龍克原作，或是經荷蘭商人擅自更改，荷蘭國家博物館亦無此構圖紀錄。另外，維吉尼亞博物館（Virginia Museum）莫塔罕德外貿瓷收藏（Mottaheden Collection）亦有普龍克的茶杯及碟。

克拉克瓷，比美青花

外貿瓷中，「克拉克」（kraak）與「軍持」（kendi）兩種類型分占重要位置。

克拉克被認定為青花外貿瓷，大部分銷往荷蘭，少在中國流通使用；軍持則多於東南亞小乘佛教國家使用。

近年西方學者對外貿瓷研究大幅提升，長期居住新加坡的義大利瓷器學者李娜蒂（Maura Rinaldi）於一九八九年出版了第一本系統研究克拉克瓷的專著《克拉克瓷——貿易史的片刻》（*Kraak Porcelain, A Moment in the History of Trade*）。

「克拉克」應為葡萄牙語「大型商船」

▲ 克拉克瓷青花大盤可供眾人各自取用不同食物，無論是藝術感或用途都更加貼近民間的自在。

carrack之變音，然學術研究仍眾說紛紜。起源應是一六〇四年，荷蘭人劫掠兩艘葡萄牙大商船後，將船上數萬件青花瓷運回荷蘭拍賣，瓷款新穎，譽滿歐洲，而被普稱為克拉克瓷（荷蘭語kraakporselein）。

克拉克瓷有青花大盤、湯碗、中碗、梨形玉壺春⓬、軍持、高腳大口杯、茶杯、碟、茶壺、水壺或酒壺等器型。

其中最大宗為青花大盤，大盤盛載不同食物，眾人分別取用，顛覆了一般歐洲貴族的飲食習慣，顯得平民化及自在。

一般大盤除了中間大幅主題圖畫外，內壁邊飾圖案分別開光繪圖。視盤子大小，有三開光、八開光、十開光、甚至十二開光等不同形狀，開光內繪對稱的向日葵、雜寶、暗八仙、扇子、花鳥、人物、山水。

盤面外壁也常繪四至八個開光，內繪圓圈或花卉，開光間隙和主題圖畫外有萬字紋、織錦紋、魚鱗紋等紋飾。

雖然民窯克拉克質素不及官窯青花瓷細緻，但亦代表一種藝術突破，破舊立新，以民間活潑不羈的寫意，顛覆官窯工筆細緻的莊嚴。

十八世紀以降，西方及荷蘭畫家的靜物油畫中，常常看到許多青花克拉克大盤與海鮮、肉食、水果、鸚鵡螺。畫面有時襯著神話傳說、非洲奴僕或西葡伊比利亞半島的穆斯林摩

⓬玉壺春是中國瓷器的典型器型，基本特徵為瓶口外翻、頸部細長、肩部斜溜、圓腹、底有圈足。

爾人（Moors），增添許多異國風情。

軍持的由來

「軍持」為外來語，為宗教及俗世兼用的水器，無執柄，使用時手握瓶頸而傾。

Kendi的詞源頗為複雜，可能出自音譯梵文的「流嘴壺」kundi或kundika（中國佛教稱為寶瓶）。凡是梵語後綴以「ka」，均指較小之器，因此kundika意為較kundi小的「小流嘴壺」。

Kundi同時為kundika簡稱，大小混淆不清。印度婆羅門及東南亞小乘佛教國家的kundika即有高達約三十二公分的銅壺，其特異處為流嘴多有小蓋，倒水時反多自狹長壺口傾出。

東南亞學者強調印度或東南亞為軍持發源地，牽引出「倒灌軍持」（kendi maling；又稱偷水軍持thief's kendi）是軍持前身的說法。「倒灌軍持」無蓋，壺底中心有一內管，直通壺腹。水自壺底向內管倒入後，便由內管向左右兩邊注入壺腹，而不流出。

其實倒灌壺在中國宋遼時期已有，一九六八年陝西出土的耀州青釉剔花倒灌壺，可做此類器物典型。

倒灌器型究竟源出何處，仍是一問題；即使源自東南亞，又如何能證明是軍持的前身？倒灌器型的用意在於，在山泉河流旁能便於從底部灌水，但需數次反覆傾顛，取水甚為緩慢，未必便是軍持用途起源。

況且軍持一直是少量產品，「倒灌軍持」雖不見得源自中國，但受波斯一帶等外來影響的可能極大，因而不可能是軍持的演變原型。

受伊斯蘭風格影響

另一種傾向伊斯蘭文化影響軍持外型的說法，基於中國明代早期「新月青花軍持」。這款軍持中間有長柄執手，兩邊鉤出如一彎新月，其中一邊有小細流，水可自細流傾出。

新月是伊斯蘭國族和宗教的重要象徵。一四五三年，鄂圖曼帝國的穆斯林軍隊攻占拜占庭，穆罕默德二世將城中東正教的聖索菲亞大教堂改成伊斯蘭清真寺。

一五六六年，塞利姆二世在清真寺的大拱頂豎起一個大型銅製新月，成為鄂圖曼帝國及其他清真寺仿效的模型，亦為許多回教國家的國旗特徵。

新月亦為器具典型，包括明月彎刀，以及十六世紀波斯流行的黃銅新月「施捨缽」（kashkul）。

▲ 明代新月型軍持，受伊斯蘭風格影響。

此款缽鑲造極為精緻，兩側月角彎出小龍首，缽身下彎弧度留出渦捲框紋飾，內刻伊斯蘭教經文。

可見明代貿易瓷器的明月軍持，確實受伊斯蘭風格影響。

變化多端，各有奇趣

軍持的基本器型為：無柄、敞口或口沿內斂、有頸以便執持、鼓腹、有流[13]、圈足[14]；若為陶土單色軍持，腹部常有槽凸瓜楞或內凹弦紋。軍持器型特徵有三類，按風格特徵劃分，六朝隋唐為第一類，宋明為第二類，明清為第三類。

第一類軍持即唐代義淨[15]描述的淨水瓶，於北方白瓷、南方青瓷等窯場燒造，包括湖南長沙窯。北京故宮藏「白瓷淨瓶」被訂為唐代，描述為「盅口，細頸，頸中部出塔沿[16]，肩豐滿，腹下漸收斂，足外撇，淺圈足，小彎流，流口也作盅形……此類瓶式大多出於晚唐、五代的墓葬中。」

第二類的軍持特徵則為敞口長頸圓腹，並有一斜斜向上的管狀直流。第三類的軍持細嘴、窄頸、圓胖球身，球身延伸出一道肥短的奶狀流嘴，俗稱奶子瓶。值得一提的是，到了清代，軍持多為彩釉壽桃壺型，更有吉祥寓意。

軍持依流的形狀又分為五大型：管狀長流、奶子圓流、彎曲流、獸狀流、擋片流，其中以管狀長流、奶子圓流最為普遍。

管流軍持管粗流大，飲用時不會碰觸嘴

唇，可做為團體的共同水器；其他軍持流口均有抑制水流而成細水的功能，常用來盛載宗教淨水或聖水。

奶子圓流有小洋蔥形及木瓜形，尤其東南亞一帶的陶土木瓜流軍持，造型奇特，讓人印象深刻。

明朝海禁，日本有田燒及伊萬里取代中國在東南亞的軍持陶瓷市場，青花及五彩奶子軍持極多，質量皆優。日本與中國青花軍持最大分別在於：日本青花山水花卉紋飾漫漶，如寫意潑墨；明代萬曆青花則用回青浙料⑰，微帶灰藍，開光處處，眉清目秀。

至於彎曲流軍持，清代藏傳軍持多為此風格。專家多謂彎曲流衍變自茶壺，其實印度、波斯早期的大型銅製水器均有彎曲流，傾倒時可緩衝水流。

擋片流則指在流口加裝一面擋片，可以增加美感，並保護流口不被損壞；亦可做為水煙管套入流後的接口，銅製擋片流尤其如此。

最後一類是鳥獸型軍持。中國唐宋元明書畫發達，文房四寶及水注需求益增，水注體小，鳥獸造型亦多。

到了明代的青花象形軍持，則饒富佛教意

⑬ 壺嘴為出水處，出口與壺身相接的構造稱為「流」。
⑭ 陶瓷底部以一個圓形底座托起器物，稱為圈足。
⑮ 唐代僧人，中國佛教四大譯經家之一。
⑯ 頸部中間較為寬大、向外凸出，如同高塔各層的屋頂之狀。
⑰ 回青料是當時中國由西域進口的青花釉料；浙料則為本地所產青花料中品質最佳。

義。《優婆塞戒經》內「三種菩提品」喻大乘菩薩修行精進若香象渡河：「如恆河水，三獸俱渡，兔、馬、香象。兔不至底，浮水而過。馬或至底，或不至底。象則盡底。」宋人嚴羽《滄浪詩話》以禪論詩，亦以「羚羊掛角」、「香象渡河」等形象譬喻唐人詩作空靈精妙，意在言外。

大象勇猛慓悍，本是波斯、印度及東南亞地區吉祥物。此類軍持除了在頸部繪有花草外，常在象背披鞍錦緞，開光加飾馬、兔子、

▲ 軍持無柄，使用時需握住瓷器頸部，而出口則以管狀最為普遍，圖為宋代瓜楞直流軍持。

▲ 軍持出口「流」的形狀演化為多種型態，其中明代的「象形」為獸形流代表，源於佛教典故。

花卉或波濤。

還有蟾蜍、禽鳥等獸型軍持，東南亞諸國出產亦多，用以盛水，具繁殖、祈福之意。

藉由以上內容，我想再次強調，外貿瓷研究不應止於瓷器本身，而是外貿背後許許多多背景故事，交織成一張張時代光網。

正如文學、文化、藝術研究的內涵，並不完全在於文字文本當中，透過視覺可見的物質，尚有更開闊且多元的文本世界。當我們造訪博物館時，如果能將更多所學融入其中，眼見的世界便能愈為廣闊，愈為多姿多采。

做人生的探險家

名家
劉克襄

02

THEME

少年壯遊，寫下歷史

認識名家

在台灣的自然寫作版圖上，劉克襄是一個不能忽略的名字。

生長於台中的他，從零開始摸索、建構屬於自己的自然體驗。他難忘自己國中時曾到埔里抓蝴蝶，不過，此時自然還沒有成為他心中那份標誌、那份呼喚。

劉克襄大學念的是文化大學新聞系，此時他開始寫詩，山區的校園環境進一步啟蒙了他對自然的興趣和體會。之後海軍服役的他，又在大海中闖蕩，見識許多老鷹在天空盤旋。一山一海的體驗彷彿無形中將他的未來堆疊成形，當初一隻蝴蝶也不識的少年，至此迸發對鳥類的深厚嚮往，也逐漸在自然中遊刃有餘。不難想像，當自然萬物和他的優美筆鋒交會，讓他的散文有了知性與感性共融的豐富層次。

一九八一年退伍隔天，劉克襄加入台中野鳥協會，開始賞鳥。這時的他萬分享受獨自賞鳥的情境，就算沒有圖鑑，亂猜亂看犯錯也無所謂。此時他還不知道，一年之後，他的流浪與觀鳥紀錄出版為《旅次札記》一書，在台灣自然寫作立下一座里程碑，他甚至因此擁有「鳥人」封號。

浸淫野外的他，那詩人與文化的性格未減一分一毫。他陸續服務於《台灣日報》、《自立晚報》、《中國時報》等副刊。在自然書寫上，他從生態切入歷史，受日治時期博物學家鹿野忠雄影響，他大量蒐集台灣史料、地圖，進行自然誌的書寫，如《橫越福爾摩沙》、《臺灣鳥類研究開拓史1840-1912》、《臺灣舊路踏查記》等作品。

有了孩子之後，跟著飛鳥浪跡天涯的身影也逐漸回到城市中。劉克襄的思考是，自然教育要普及，得從近距離觀察生活做起。於是，他不再留戀早期駐足的濕地，轉身走向郊山、鐵道，甚至是公園、菜市場。

他相信，自然不只存在於遠方的原始荒野，只要出門，就能擁有一方天地。以此出發，劉克襄說：「我們可能都是探險家。」走入環境、關心生活，除了培養對自然的感知，也同時為自己累積生命的體驗，孕育面對人生挑戰的勇氣與堅持。

自然何其廣闊，而當自然透過旅行的路徑映入心靈中，也將會解放人的內在精神，成就更大的自由。

精采講堂

一百年來的台灣青年以冒險探索生命，也呼喚著後世勇敢啟程。

每個年代，我們都會看見弱冠年紀的青年站出來，告訴我們：他如何與時代互動、做了何種探險與壯遊。同時，我想放眼東亞的中國、日本與台灣，在時代演變中，二十歲的年輕人如何回應自己的傳統。

今年是二〇一九年，我選擇了一九一〇年代，探索一百年前在日本人治理時期，二十歲的台灣青年們如何面對變局？其後一九三〇年代，一位二十歲的年輕人在想什麼？一九五〇年代，國民政府來台，當時二十歲的世代又面臨何種處境？

走在時代的交會處

來到醫學大學，便不能不提台灣現代文學之父賴和，以及醫學之父杜聰明。約莫一九〇九年或一〇年，他們在台灣總督府醫學校讀書時留下一張照片，照片中的他們皆綁著髮辮，可見仍保有清朝的裝束習慣❶。

日本占領台灣初期，注意到台灣的環境、衛生、疾病等方面尚有諸多問題待解決，因此於一八九七年設立「台北病院醫師講習所」❷，招收台灣的「漢醫」及藥房子弟。然而，當時一般人尚無證照的概念，加上學業繁重，招生情況並不理想，半是強迫，半以提供津貼做宣傳，方才開始有些台灣人前來就讀。

一八九九年，後藤新平就任台灣總督府民政官長任內，將「醫師講習所」改制為「台灣總督府醫學校」，成為台灣第一所正式醫學教育學校。直到賴和與杜聰明入學時期，社會大眾對於成為醫師已逐漸有興趣。他們在十七歲左右入學，而當時的台灣總督府醫學校亦已成為齊集台灣各地菁英之處。

賴和由彰化北上，杜聰明則由三芝北新莊一帶來到台北讀書，與包括台灣歌星翁倩玉的祖父翁俊明等幾位知名人物皆為同班同學。當兩位綁著髮辮的青年在台灣受日治時期的教育，聽著日本教師講授醫學的同時，對岸的中國大陸正值孫文起義推翻滿清政府。杜聰明與賴和到醫學校後不久，便剪去髮辮，這件事現今聽來不怎麼樣，但在當年可是茲事體大，兩人就這樣見證了歷史的改朝換代。

由台北步行至彰化

杜聰明在回憶錄中寫道，他就讀醫學校後，學校教師便為他們安排見習旅行。他們首次的見習旅行是由教官帶領，自今日台北市東

❶日本統治台灣初期將「吸食鴉片」、「辮髮」、「纏足」視為三大陋習，但未強硬禁止。一九〇九年大稻埕醫師黃玉階成立「斷髮會」，首倡剪除辮髮以增進衛生，加上受一九一一年爆發辛亥革命的維新思潮影響，台灣男子開始有大規模的斷髮風潮。

❷一八九五年，日本占領台灣，並設立「大日本台灣病院」，隔年改名為「台北病院」，是台大醫院的前身；「台北病院醫師講習所」則是台大醫學院前身。

門附近的學校所在地，步行到淡水。當時並無捷運，途中也沒有便利商店，他們帶著簡單的布包，一路步行穿越關渡的水稻田，翻過山丘，直走到淡水。

淡水當時也非如今的觀光區盛況，因此他們僅是沿路欣賞風景，當天便折返。

沿路賦詩「打卡」

第二年，他們又進行了兩天一夜的旅行，目的地為九份與金瓜石。當時此處單純是一座出產煤礦與黃金的山城，無芋圓及草粿可買，亦無法一天往返，想必是趟辛苦的旅程。

兩位醫學生在一九一一年的元月，自主發起了一次冬季的見習旅行，計劃由台北走到賴和的故鄉彰化。初始，他們沿著與今日台三線幾乎相同的路線，從新店至三峽，三峽往大溪，大溪穿越關西到北埔，北埔過苗栗獅頭山，再由獅頭山往西至海岸，再沿竹南、白沙屯、苑裡、大甲到達彰化，這一趟五天四夜的旅行，可謂壯舉。

試想一下，在一九一一年，抗日義勇軍與日軍交戰過後，台三線沿途尚存許多對日軍充滿仇視的部落住民和義民。這群剪去髮辮的學生便這樣穿著草鞋、拎著簡單的包裹步行而過，必須承擔相當的風險。五天四夜中，既無超商賣場，亦缺旅店民宿，夜晚究竟落腳何處？現今除了找到他們第四夜暫宿獅頭山上一間寺廟的記載外，其餘皆無從得知。

究竟，這樣刻苦的旅行意義何在？

如現代的「打卡」，賴和每到一處，便會文言賦詩，新店、三峽、北埔，處處皆留下詩文。一九一一年他寫就二十首左右的詩，我想由他的詩，解讀當年兩位醫學生仕旅途中的所見所想。

賴和所寫的詩，主要是根據當地的地形風貌，撰寫而成的地誌式景觀詩。在照相機尚未普及的年代，他以簡短的文字描述見聞，例如〈大嵙崁〉：

> 大嵙崁溪水漣漪，中有肥鮮國姓魚，
> 番人負載來市上，換得火柴歡喜歸。

這首詩是七言古詩，共有四句。大嵙崁就是如今以豆干、茶葉聞名的大溪。賴和當時見到溪中有「國姓魚」，國姓魚有兩種說法，一說是虱目魚，但大溪未臨海，因此詩中所指應是

一位近二十歲的青年觀察地方風土，
繼而發表對社會時局的感懷，
充分展現了歷史視野。

香魚，日文稱為あゆ。香魚是一九六〇年代台灣常見的淡水魚，後因工業汙染水質，香魚的幼魚無法溯溪而上，現僅存翡翠水庫仍有野生香魚。

這首詩的第三、四句描寫番人（當時居於角板山的泰雅族）與漢人的互動。一八七五年起，板橋林家想取得樟腦的開採權利，與清朝軍隊官商合作，開發大溪角板山。拓墾曾帶來戰爭，但一九一一年時戰爭應已偃息，當時的泰雅族會從角板山攜出木材或山產，前至大溪老街的傳統市場交易。

賴和的詩中尚有三首並非描寫景觀風物，而是控訴日本政府，懷念抗日義勇軍。當時的日本人應讀得懂漢詩，在那個新聞不自由的年代，居然在三峽、北埔、竹南三地留下這樣的詩，此舉無疑充滿勇氣。一位近二十歲的青年，由觀察地方風土景觀，繼而發表對社會時局的感懷，充分展現了高度的歷史視野。

旅行後的人生

當一行人抵達通霄時，似乎有個非常微妙的轉捩點，賴和撰詩描寫採藥的漢醫如何醫治病人，其中包括下鄉至貧窮處行醫的過程。我並不確定這是否影響賴和後來的行醫之路。

旅行結束後，賴和與杜聰明便各自展開前程。杜聰明曾赴中國，想以霍亂菌刺殺袁世凱，失敗後轉往東京帝國大學深造醫學，成為台灣第一位醫學博士。返台後，他創辦了高雄醫學大學，被譽為台灣醫學之父。

賴和則選擇留在自己的家鄉彰化。翻開台灣現代文學史，便可閱覽賴和的生平事蹟：他懸壺濟世，允許患者賒帳欠款，到最後還親自火焚借條。這樣一位仁醫，一生行醫，一面撰詩抒發對日本殖民政府的不滿，其後終究入獄，過世於一九四〇年代的太平洋戰爭期間。這些關懷社會的詩文，使他被譽為台灣現代文學之父。

一位醫學之父，一位文學之父，兩人的這趟旅行，促使他們做下人生的重大決定，我深覺這是台灣人應要好好記住的歷史。

勇闖火焰山

一九一〇年代，當賴和由彰化北上求學時，嘉義還有位十七歲的女子張李德和也勇於冒險，歷經險阻才跋涉至台北。

張李德和生長於富裕人家，因此較有機會看到世界的改變。她與自家的婢女扛著棉被和行李，二人渡過濁水溪，搭乘火車到台中后里，接著跋涉山路翻越火焰山，再由苗栗三義搭乘火車到台北求學。

張李德和以日文書寫的日記中記載，火焰山的山勢陡峭，必須由工人推車，載著旅客蜿蜒而上；當時她在手推車上聽聞一聲慘叫，回頭看見後面另一部手推車不慎連人帶車滑落大安溪，可見那是非常艱苦的旅程。

張李德和後來成為詩人，並擔任嘉義縣議員。在中國大陸尚有許多婦女仍處於纏足的傳統桎梏時，台灣卻早已有女性啟發社會意識，甚至參與政治。度過了年輕時的艱險，張李德和也持續以冒險精神突破自我的生命格局。

為愛而攀

時間來到一九三〇年代。文學家鍾理和展開了一場愛情的啟蒙之旅。

鍾理和的故事曾拍成電影《原鄉人》。他二十二歲時，愛上家鄉同姓的女子鍾台妹，受到家族反對，兩人被隔離。壓抑的鍾理和，後來與兄長由現今的屏東三地門附近相偕攀登大武山。

這趟旅行堪稱探險與壯遊。大武山是排灣族、魯凱族現今部落成年禮必須爬上的一座南台灣大山，海拔約三千公尺。我按照他們的路

度過了年輕時的艱險，
便能持續以冒險精神突破生命格局。

線畫了地圖，由三地門步行至大武山，於他們之前，僅有一到兩支登山探險隊曾嘗試過。

鍾理和當時毫無登山經驗，只因戀愛抑鬱不得志，便前去登山解憂，不免有些莽撞。然而，他畢竟是小說家。這段旅程途經八岳（今日稱北岳）的瑪家部落，他寫下四、五千字的紀錄，為當時排灣族和魯凱族的部落生活留下非常重要且珍貴的紀實。

走完這段旅程後不久，鍾理和與鍾台妹私奔，兩人不顧家人反對，相偕前往中國大陸。

一九三〇年代，日軍全面占據中國東北，成立「滿州國」，需要大量經營管理人才，因此鼓勵台灣人至中國東北擔任官職。當時許多台灣青年自願前去或被送往東北，服務汪精衛政權，鍾理和估計是在此背景下赴中國。有部分人到了中國後往西南行進，投靠當時的國民黨，另亦有少數投奔共產黨，台灣青年於是各自走向不同的方向。

探險女英雄

台北基督教長老教會曾於每回牧師結束禮拜後，安排三小時的閩南語課程，讓年長的教友學員學習台灣的歷史和藝文。我在此講課一段時日後，在學員建議下安排了一趟平溪線的鐵道之旅，抵達最終站菁桐時，為一對夫婦拍照留念。

當時他們一位七十四歲、一位七十歲。七十歲的林美雪女士向我道謝後問道，下週上課時是否能與我分享她十七歲時橫越中央山脈

▲ 能高越嶺至今依然是許多青年與登山愛好者的探險路線。

的文章及筆記，我對她年輕時的探險十分感興趣，便一口答應。

隔週上課，她交給我一本一九五四年的筆記本。筆記本封面上寫著：「民國四十三年度暑期戰鬥訓練營中央山脈探險紀念冊」，第一頁貼有她十七歲時的照片，並附有文字記載：「這是七月三十日《新生報》刊載的探險女英雄英姿。」

翻越中央山脈

這是林美雪女士當年參加蔣經國先生創辦的救國團戰鬥營，在暑期攀登中央山脈所留下的照片，刊登於《新生報》頭版右上角。《新生報》在一九五〇年代是台灣第一大報，能在它的頭版刊載照片，必定是當時極受矚目的人物。

以我就讀台中一中時的經驗，要參加救國團，成績必須是班上前三名，而且要接受跑步三千公尺的體能測試，並非個人有意願加入便有機會。林美雪女士是當年台北女師專唯一錄取的三位學生之一，同梯次參加的女性，約有三、四十位，她是唯一被拍照刊於頭版的，表示她應是當中相當優秀且受矚目的學員代表。

接下來的筆記記錄了他們的旅程，由花蓮走能高越嶺古道，翻越中央山脈到達台中。

日治時期時由能高越嶺接通一條越過霧社到達台中的線路，預計將東部多餘電力輸送到台灣西部。這項工程一度中止，直到一九五〇年代，在台電總工程師孫運璿等人手中才付諸實現；延續至今，依然是台電的輸電線路。林美雪女士十七歲攀登能高越嶺時，恰巧是能高越嶺立起「光被八表」紀念碑的那一年，時任總統的蔣介石與蔣經國抵達當地，寫下「光被八表，利溥民生」這幾字，意謂台灣的光電由東部輸送向西部，用電從此更為便利。

累積生命的高度

再隔一週，她的丈夫帶來一本環島旅行日記，我才驚訝的發現，這對老夫妻各自在年輕時完成過自己的壯遊。

她的丈夫十九歲時，抽獎獲得了一部單車。這在一九五〇年代是了不得的大獎，萬分欣喜之餘，便聽從同學的建議，成就一趟單車環島之旅。

單車環島旅行在今日亦成為流行風尚，問題在於一九五〇年代的交通條件，無台九線，亦無柏油路，一部舊時款式的單車要如何穿山越嶺？果然，第一天的日記便寫道，由台北騎到坪林，下山抵達宜蘭礁溪時便爆胎了，可見路況之險。

途中，這位十九歲的青年每晚睡前下筆撰寫當日的見聞，隔日出發時將日誌寄給《國語日報》。

這樣少年騎單車環島的旅行日誌，對《國語日報》而言當然是極需要且受歡迎的來稿，說不定是台灣最早的環島日誌之一。遊記中介紹了墾丁漁民捕鯨，還有他與恆春的農家一同割稻、為梨仔瓜（一種黃色香瓜）播種的情形。如此記錄下沿途的民俗風物，實在令我感動莫名。

我為年長者講授的系列課程結束時，這對夫妻與我互留聯絡方式。他們告訴我，由十年前起，每年歲末皆會發起募款活動，將募集的款項購買電腦，連同物資運至部落，協助當地的兒童、青年與弱勢家庭。正因年輕時他們四處旅行，目睹若干地區需要資源的景況，年長後便想持續回饋這片土地，壯遊與探險，至此累積出生命的高度。

友誼，從山開始

談到與土地、社會的互動，最後我想介紹二〇一一年辭世的台新金控總經理林克孝。

當時，林克孝與泰雅族的兩名獵人入山尋

正因年輕時四處旅行，
年長後便想持續回饋這片土地，
壯遊至此累積出生命的高度。

找某段南澳古道，不慎在東穗山摔落遇難。報刊接連幾天登載了這位總經理的事蹟與他遇難的經過；電視節目也採訪許多登山者，討論遇到山難的原因。我心中著實難過，因為他所取的路線確實相當危險，然而整起事件中尚有諸多因素，不能僅由山難角度來看待。我便開始逐漸回顧林克孝的故事，希望以另一個角度認識他。

林克孝於我而言是位奇妙的友人，我們之所以相識，並非於一般社交場合，亦非緣於彼此的職務，而是因為一次探險旅行和他搭上線。

司馬庫斯遇難記

一九九〇年代初期，我與一群友人計劃翻越司馬庫斯部落❸的一條古道，因為未聞有人行經這條路線，我到圖書館查找資料，以掌握由宜蘭至司馬庫斯的地貌、氣候等相關資訊。

一九九一年一月，我們正式出發，同行的還有作家焦桐。然而接近司馬庫斯時遭逢大雨，濕冷寒凍之餘，又遇見山坡崩塌，落石持續滾落，大約花費三小時才安全通過。那一趟險些喪命於落石處，驚魂甫定，幸好抵達司馬庫斯部落後得到招待與照顧，我們感動之餘，便將所有糧食都捐給族人。

事後我隱約覺得彷彿在何處見過類似的冒險經歷，便回頭翻閱資料，發現十年前在相近的時節，有位成功高中二年級的學生，帶領同學走過這段路。

他們同樣在元月遭遇急凍的氣候，由於迷

▼ 因為十七歲至司馬庫斯部落的異地壯遊，林克孝有了第二個寄託心靈的原鄉。

途來至山坡崩塌處，危急之際被路過的泰雅族老人解救，帶他們來到這個被稱為台灣黑暗部落之處。

當年十七歲的領隊高中生，便是林克孝。林克孝將這段經歷寫成一篇將近四千字的文章，由籌劃、組隊、歷經危險，最後到達司馬庫斯，整個過程描寫得至為感人。一九七〇年代末，竟有一位成功高中的學生，帶領著六、七位同學，冒險踏上幾乎無人走過的路線。於是我出於好奇，寫信給林克孝，之後便經常彼此交流與古道相關的活動訊息。

❸ 位於新竹縣尖石鄉的泰雅族部落，因處雪山山脈的深僻之處，是台灣最晚有電力輸送及道路的地方，被稱為「上帝的部落」。

林克孝頗具文采，大學時期是台灣大學現代詩社的社長。我蒐集登山資料時，原以為這是位三十歲的登山前輩所寫的文章，通信之後，才得知他當年寫這篇文章時僅就讀高二，確實令人驚訝。

回到部落最快樂

約在他生前的最後半年起，我們開始較為密切的往來。他育有二子，當時一位三歲、一位五歲，某次我到訪他家，交談中他提到想將孩子送到武塔小學就讀。武塔位於宜蘭縣南澳鄉，現今的在學生可能不及二十位，多為部落子弟。林克孝熱愛山林、認同部落，甚至希望讓孩子從小在那樣的自然環境中成長；可想而

「被所經之處的當地人尊敬、接納，是我認為壯遊中最高的層次。」

知，南澳部落的族人獲知他意外辭世時，那種無以形容的哀傷。

我參與林克孝的告別式時，遇見更多他生前結識的朋友，由此更驚異於他是一位非常特別的登山者。他的探險與壯遊，有著另一番值得我們思考的視野。

他辭世後，我由北台灣各個泰雅族部落陸續聽聞他為部落所做的貢獻、建設、捐款，以及提供其他地區物資與協助等事蹟。我突然察覺，這位總經理即便身處爾虞我詐的財經商界，仍保有一顆赤誠的心。當他忙完了金融業務，便由台北消失，自己穿著簡便的衣物，深入高山與原住民朋友相聚，那或許是他最快樂的時光。

當時我最擔心的是一同入山的兩位年輕獵人，他們與林克孝情同兄弟，目睹他墜落山崖後，一位繼續守著他，另一位急奔了兩天一夜出外求救，即便如此，他們內心依舊十分自責。由山難消息登上頭版新聞起，林克孝的夫人便一直請求眾人不要對兩位青年施加壓力，並且依然年年帶著兩個孩子參與部落重要的節慶，這樣的情感與胸懷，確實非常動人。

壯遊的最高層次

林克孝於我而言，便是現代版的鹿野忠雄。

《天下》雜誌曾票選上世紀百位對台灣最有貢獻的人，名列其中的三位日本人，一位是後藤新平，一位是八田與一，第三位便是鹿野忠雄。一九一〇年代，當賴和與杜聰明開始探險壯遊時，十九歲的鹿野忠雄由日本來到台灣。儘管還是高中生，他已探訪過許多日本的名山，而熱帶台灣的高山、動植物、人文風土，尚未有人探勘調查，使他為之神往。由十九歲開始，鹿野忠雄走遍台灣土地，可謂台灣最早的踏查者，為所有部落的分布、譜系、生物與地理留下珍貴紀錄。

一九四〇年，鹿野忠雄因為反戰而被調至南太平洋，在婆羅洲從此失蹤。之後的日本學者再次踏足台灣從事學術調查時，部落的原住民問道：「為何鹿野忠雄先生沒有來看我們？」這些學者感慨萬分，因為鹿野忠雄已被部落原住民當作自己的族人，而這必定來自他對這塊土地的認同，使得他的作為也被部落的人認同。

林克孝一生的事蹟，也許便來自十七歲那場被泰雅老人所救的司馬庫斯探險，他對原鄉山巒的熱愛，乃至對部落的回饋，贏得當地人的敬重與懷念。我姑且將這樣的壯遊跟探險稱之為「鹿野忠雄式、異地內化式的探險」，被所經之處的當地人尊敬、接納，是我認為壯遊中最高的層次。

由一九一一年到二〇一〇年，百年來，台灣青年們的探險與壯遊，無論是自我探索與成長、接觸異地異族與異文化，或是回饋土地與社會等種種不同類型的旅行，雖然有些年代的樣貌早已不同於今時今日，但皆是在這塊土地上發生的故事。相信這些故事能帶給我們重要的啟發，成為人生路途上的參照與學習。

世界因差異而美麗

名家
林正盛

03 THEME

自閉兒給我的生命教育

認識名家

二〇一八年，林正盛出版《轉彎的人生更美麗》一書，十七年前的《未來，一直來一直來》也重新再版。回顧自己一路走來的歷程，有著許多偶然的決定，卻累積而成未曾想過的風景。

出生於台東山地部落農家的他，愛看書、懷抱作家夢，卻被父親以「不能當飯吃」反對。十六歲國中畢業時，他給父親留了一張字條，就此離家北上追求自己的人生。從麵包師傅到跨足影劇圈，人生又再度急轉彎。

一開始林正盛的作品以紀錄片為主，一九九六年，他的第一部劇情片《春花夢露》上映，他因此被稱為「侯孝賢的接班人」，並在坎城影展、東京影展拿下獎項，從此是影展得獎常客。尤其二〇〇〇年的《愛你愛我》拿下二〇〇一年柏林影展「最佳導演銀熊獎」，他走向人生的高峰。

雖然沒有成為作家，但編劇、看電影、拍電影讓林正盛得以反芻自我的生命經驗，也觀照他人。他從導演小津安二郎的作品《東京物語》重新省視自己和父親緊繃的關係，從拍攝《美麗在唱歌》、《愛你愛我》、《月光下我記得》等片探索女性議題，而當自閉兒走入他的視野，這群「我們的孩子」（自閉兒的暱稱）又在偶然中和林正盛的個人生命緊密相繫，甚至帶領他重新找到生命的出口。

二〇〇三年，正是《愛你愛我》風光拿下大獎後沒多久，但與此同時，他也是個離婚不久，正被強烈孤獨籠罩的中年男子。他在巴黎住了一段時間，竟萌生了「死在異鄉也好」的念頭。帶著如此抑鬱的林正盛，從法國回到台灣第一天，因緣際會下與自閉兒有了第一次接觸。

隨著他靠近這些孩子的生命，更進一步拍出紀錄片《一閃一閃亮晶晶》。他希望以此和社會對話，不渲染哀傷、弱勢的情緒，而是真實呈現呈現這些孩子的生命力，喚起大眾的關注、同理和包容，扭轉長期以來自閉兒不被社會理解的情況。

他和孩子口中的「韓老師」韓淑華結成人生伴侶，兩人更在二〇一六年一同成立多寶藝術學堂（台灣多寶格藝術發展協會），提供這些自閉症的孩子一個發展及證明自我內在潛能的空間，包括支持孩子們的藝術創作活動、販售孩子畫作製成的生活用品、安排大型寫生旅行等。這些嘗試讓這些孩子提升自信與自立的能力，也為他們在社會搭起一座通往理解及尊重的橋梁。

「多寶格」是精緻古玩，只要願意拉開抽屜，每一格皆裝著奇珍異品。這種珍貴是林正盛所感受到孩子生命的光輝，而回到他的生命本身，或許也是這樣的容納，讓他在每個轉彎處都擁抱新的可能，看見新的天地。

精采講堂

理解不一樣的生命，讓人反思自我，也看見世界還能綻放的精采可能。

我出生於台東，家中務農，因為父親在日治時期受過高中教育，自小我便在充滿書香的家庭環境中成長。我家是附近山區中唯一一戶人家，每天步行上下學，要走將近十公里左右，因此放學後、週末及寒暑假，除了協助農事，其餘的時光我多在家中翻閱各類書籍。

其中令我印象最深的是海明威《老人與海》。當時年幼，讀得一知半解，讀兩、三年後懂了更多，隱約有些感受。漸漸的，我得到頗佳的作文成績，內心也有了成為文學家的夢想。

然而，父親為了我將來的生計著想，勸我去讀技職學校。台東有所公東高工，木工科非常知名，可惜我對木工、機械類的領域不感興趣，便離家北上，到台北當了麵包學徒。成為烘焙師傅後，我大約做了十二年麵包。

那是十分辛苦的行業，每日工時由凌晨四點至傍晚六點，一個月僅一天休假，遇上訂單較多的時節，經常會工作到晚間八、九點，中秋假期前約莫有兩個月的時間，甚至要到半夜才能休息。

用九年換一部電影

退伍之後，我掙扎著是否要繼續這份工作，由於內心仍留存著文學夢的餘溫，便興起去雜誌社或文學出版社應徵的念頭。但是，我翻找報上的分類廣告，發現類似的職位都要求高中以上的學歷。

心灰意冷之際，我無意間在電影院瞥見一張文建會（今文化部）編導班的招生簡章，明載「資格不拘」，當時心想：「這真是上帝為我開的一扇門！」也就此走進了電影的世界。

編導班畢業後，我努力了九年的時間，拍攝第一部電影《春花夢露》。

還記得當時參加法國坎城影展，當地新聞刊出「台灣麵包師傅成為導演」的標題，引起台灣媒體熱烈報導。我內心卻十分清楚，天下沒有白吃的午餐，這看似傳奇般的故事，是花費了九年的光陰成就的。

藉由自身為例，我首先想分享的便是：老天爺不會隨便放棄一個人，除非我們放棄自己。若能懷抱勇氣，真心誠意的朝自己的心願努力，即使無法達成十分，能成就七分、八分，都是了不起的事。

這世界真正的天才甚少，勿要倚仗自己的天分，要將自己設定如平凡人般踏實努力。

初次邂逅「我們的孩子」

二〇〇八年至二〇一〇年，我拍攝了一部關於自閉症孩子的紀錄片《一閃一閃亮晶晶》。拍攝與剪輯的過程中，我深受感動。這些被診斷為自閉症的孩子們，其實互有差異，假如不以「生病」的角度看待，便能發覺他們因差異而展現出的美麗。

▲ 林正盛認為，若不以「生病」的角度看待自閉症的孩子，便能發現他們差異中的美好。

我接觸自閉症的孩子起於一段特殊的緣分。二〇〇三年，我在法國宣傳電影《愛你愛我》，當時正經歷離婚的低潮，便在巴黎停留兩個多月，暫時脫離日常生活，允許自己重新思考方向。

返台當晚，我發現存款簿剩不到五千元，也可能因為時差睡不著，夜半打電話給一位在社區大學教紀錄片的朋友。他剛好帶著一個學生在工作室剪接，就說睡不著可去他的工作室聊天。

我見到一位綁馬尾的女人坐在電腦前剪接，電腦畫面中有位可愛清麗的小女孩，獨自一人在教室裡裡外外走動，但開口說話的聲調及語言的邏輯有些怪異。

我忍不住出口詢問：「她怎麼了？」剪接的女人向我解釋女孩的情況，並以「我們的孩子」稱呼她，我聽了疑惑的問：「我們的孩子是什麼意思？」她才告訴我：「我們的孩子指的是一般人稱為自閉兒的孩子。」

這位綁馬尾的女人是女孩的老師，後來成為我的妻子，大家習慣稱她「韓老師」。由於這段因緣，我開始透過韓老師的課程認識這些「我們的孩子」。

命運緊緊相連

在此之前，我對自閉症的了解皆來自書面或電影。早年有部電影《雨人》，由霍夫曼（Dustin Hoffman）與湯姆．克魯斯（Tom Cruise）主演，霍夫曼在片中飾演一位自閉症患者，記憶力超群，可以在賭城中靠著算牌把把皆贏。

因為缺乏真實的接觸與經驗，我當時只覺得這像是馬戲團表演中才會出現的特殊能力。時日漸久，在互動中我愈感覺到自己與這些孩子們的緣分，彷彿帶著認識他們、幫助他們的天命在身。

舉例而言，有個孩子初次見面便開心的喊我「阿里巴巴叔叔」，陪伴他的父親嚇了一跳，因為他從來未曾主動對陌生人說話。

另一名首度參與課程的孩子，下課後離開工作室，走到外面馬路，看到也出門的我，走在前方的他，突然回頭跑過來伸手要擁抱我，卻又膽怯的蹲著，我便伸手把他抱住。他的母親當場愣住，因為這個孩子即使在熟識的人面

給這些孩子空間安身立命，
生命的差異就能綻放各自的精采。

前，也從未讓人面對面擁抱。

類似這樣的事例，使我覺得與這些孩子們關係愈來愈密切，亦感受到他們並非一般人在字面上理解的「自閉症」。

另一種溝通

「自閉症」三字似乎是「將自己關閉起來的病」，意味著他們並無情感，亦無交流的需求。

然而在我接觸孩子們的過程中，我發現他們也如同一般人有智能的高低、性格的差異、特出的才能，即便是情感的光譜也都與我們相仿。唯一的差別僅在於無法以所謂「一般人」的方式溝通及表達，將內心的感受透過語言傳達給他人，因此彷彿隔著一道關上的門，進不了我們的生活世界。

我一再感受到他們的情感，一再見證他們以自己的方式想與世界溝通。反倒是多數的一般人按照慣有的社交「遊戲規則」，不願改變溝通的習慣，而未正視不同的情感表達方式。

試想，假如這個世界一開始是自閉症的人居多數，而社交行為、互動溝通的遊戲規則都由他們制定，那居於少數的我們一班人，是否會因為話太多、交際行為太世故圓滑而需要矯正呢？

順此思路便會發現，根本的問題並非他們「生了病」，而在於這個社會如何因此產生新的思維方式，開發不同的人際關係模式，容納不同的情感表達路徑，給出空間使他們得以安身立命，讓生命的差異綻放出各自的精采。

鏡頭下的四個孩子

逐漸認識他們之後，許多自閉兒的父母希望我能夠拍攝、記錄這些孩子，讓社會大眾更了解自閉兒，但這對我是個艱困的課題。暫且不論他們有太多我尚未了解的、各自不同的差異，我的電影主題必須來自生活中真實的觸動，因此一開始並未貿然答應。

直到大約五年過後，二〇〇八年，我與孩子們有些特別的接觸經驗，也累積了一些感受，才動念開始著手拍攝工作。

《一閃一閃亮晶晶》這部紀錄片，由拍攝至剪輯完成，以將近兩年的時間記錄了李明澐、簡志澄、馬宇謙、李柏毅四名孩子的故事。其中有三個互助家庭，馬宇謙家住高雄，李明澐住台北，簡志澄則是花蓮人，他們的父母非常用心，每年皆安排幾次互相拜訪或共同旅行，學習如何交朋友。

他們共同的話題是《星際大戰》，簡志澄尤其喜歡這部電影。他是聰明的亞斯伯格，另一種稱呼是「學者症候群」，意即對他喜歡的事物便會非常認真的徹底研究。

簡志澄每天早晨醒來都要觀賞《星際大戰》的電影與電視影集，這是他的固著行為，另外兩名孩子受簡志澄影響，便一同專注在《星際大戰》上。

另一位較年長的孩子李柏毅，現已在巴黎、比利時、荷蘭、梵諦岡舉辦過畫展。許多人慣於稱他為「自閉症藝術家」，我卻十分反對這種稱呼，藝術家便是藝術家，其實無須冠以自閉症之名。李柏毅在美國長大，極缺乏語言能力，僅能使用單字。他七歲時被鑑定為具繪畫天分，便至南加州大學美術系，和大學生一起畫畫，奠定他後來成為畫家的繪畫基礎。

李柏毅的例子，可以說明教育的重要。

台灣的教育儘管漸有改變與進步，但依然會落入某種思維的窠臼：必須具備均等的基本能力，方能接受更高等的教育。柏毅的數學零分，語言也僅有單字，但他就讀自己喜愛且天分擅長所在的美術，也就發展出屬於他的生命優勢。

我一直努力發掘孩子們的優勢，而非拚命「矯正」他們怎麼也做不到的事。縱使仍要教導他們學習基本的溝通，能簡單問候或表達一些生理需求，但他們終究無法如同一般人一樣閒話家常。所以協助他們找到熱愛、專長的事物非常重要。

柏毅在美國成長，受到合適的教育成為畫家，假如在台灣，我們會給他這樣的機會嗎？

把限制變成專業

對「我們的孩子」而言，文憑並無太大用處。他們缺乏我們一般人的溝通能力，即使得到文憑，亦無法在一般的企業中就職。

但假使培養出他們喜愛，又天分擅長所在、可以自己獨立完成的專業，他們便能創造屬於自己的未來。

舉例而言，我曾聽聞一名孩子極為喜愛洗

衣機的聲音，只要家中的洗衣機啟動，總是賴在一旁不肯走。

這名孩子現今任職於五星級飯店的洗衣部門，僅憑聲音便能判斷洗衣的進度與機械的狀態，這便是將一般人認為會造成困擾的缺點轉化為優點的實例。

再舉一例，有位亞斯伯格症的孩子喜愛搭乘高鐵，也因為享有乘車優惠，成天搭著高鐵四處移動。某天他寫了封信給高鐵公司，指出各站的設備缺失，他現今便任職於高鐵公司，直接對單一上級負責，專司發掘乘車系統的各項問題。

因此，只要我們願意為孩子們尋找出特長，他們擁有極大機會能發展出屬於自己擅長的能力。

尊重不同面對世界的方式

我們二〇一七年在松菸舉辦了「簡單就好，簡單美」的活動，與設計師蕭青陽合作，以及服裝設計師李倍、齊振涵、邱美玲、王舜民、彭韻芯，將一位大孩子陳樹緯的畫作元素設計成布，蕭青陽將布設計成寢具組、抱枕，服裝設計師們則將這些美麗的布設計剪裁，變成一件件美麗的時尚服飾。

樹緯三十三歲才來跟韓老師畫畫，是韓老師最年長的學生。他進到韓老師工作室第一句話便問「這裡是學校嗎？」接著問「我的同學在哪？」可見他們雖然不擅溝通，卻十分需要、亦重視友伴關係。有些孩子會以碰觸的方

▼ 林正盛成立「多寶藝術學堂」，鼓勵泛自閉症的孩子以藝術創造未來。

◀ 透過繪畫等方式，自閉症的孩子依然能表達與世界溝通的強烈渴望。

▼ 林正盛將孩子的畫作化身成布料等不同的美麗商品，社會大眾能因此更看見孩子的特長。

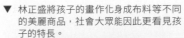

式建立關係，久而久之同學不願理會，他便會更使勁的拍打對方，最後常被認定有暴力傾向，殊不知他的出發點是為了交朋友。

此外，我們的孩子需要某種固有的生活秩序，對我們而言也許僅是些微的改變，他們卻可能如臨大敵般慌張不安。

舉例而言，有位小女孩某天進教室之後，不斷的說「燈不亮了」，檢查了教室中所有的燈皆未發現問題。持續詢問才發現，是她來教室途中的某盞路燈故障了，但她習慣的秩序感被打亂後，當天便無法專心上課，始終惦記著那盞路燈不亮。

樹緯現在因為經常舉辦活動，需要互相配合時間，這會引起他的焦慮。有時改為隔天上課，他會在半夜一再打電話確認；有時他明知我們的要求出於善意，但是為了提醒自己去配合生活的改變，會將自己捏至瘀青，令人十分心疼。

這些事例值得我們去思考，既然他們面對這個世界的方式如此不同，那麼是否仍應以社會長久建構下來，我們認為「對」的人際互動方式去要求他們？

真情流露，非關語言

認識樹緯多年後，有次我們到台東寫生旅行，那天除了學員還有許多大學生加入，氣氛相當融洽歡樂。

行程即將結束時，北藝大志工學生在台上感性的話別，台下的樹緯聽得哭了。我回頭看見他滿臉淚水，卻不知怎的開心而笑，這份喜悅來自終於得見他敞開心扉的一面。

樹緯十分木訥，並無豐富的語言及表情呈現他的內心世界，但他的繪畫作品充滿燦爛的顏色，這是他表現情感的方式。

他也喜愛音樂，我們曾尋求一位台北藝術大學的研究生協助，那位學生告訴我，樹緯彈奏鋼琴時，右手按照樂譜，左手卻是他自行和弦，完全與琴譜無關。而雙手能夠和諧的演奏，表示這是經過思考的操作，儘管我們並無從理解他的思考方式與過程。

認識這些孩子這麼多年，我內心時常有著澎湃的感受。我非常珍惜這些孩子，假如我們願意同理他們，給他們機會，慢慢的引導他們走進現實世界共同生活，他們會發展出獨特的

若能節制在人際關係上的汲汲營營，
這個社會必定會更加美好。

▼ 孩子們只是好好的透過顏色及線條表露內心的感觸，這份單純喚醒了林正盛的初表。

生命樣態，為這個世界增添不同的美好。但倘若我們不願調整出空間，他們便會永遠被擋在門外，不僅無法施展出才華，更可能導致生活上的問題，造成社會資源的耗損。

單純是如此有力量

我嘗試著以一種人與人之間生命互動的感動，想告訴大家：這些孩子不是我們的負擔，他們經常提醒我們許多重要的事。

身為一名電影導演，過往我經常必須處於複雜的人際關係中，既要能夠創作，亦要能夠與許多人、許多企業「連結串連」。在創作之前，導演首先是業務員，必須將故事推銷出去，有了資金才能拍攝，因此經營人際關係是重要的。

這些孩子的生命卻使我反省，我們真的需要如此蔓延人際關係，絲毫不需加以節制嗎？憑藉多數人建構起來的遊戲規則相互傾軋、無限制的擴張勢力，這真的是我們需要的嗎？如同台灣的政治現狀，政治人物之間為了利益結黨成群，彼此勾結、鬥爭，不就是因為太會「攪和」了？若能節制在人際關係上的汲汲營營，這個社會必定會更加美好。

找回最初的感動

藝術創作者經常面對一些考驗，最初發自內心的創作動能逐漸與世界接觸之後，難免會野心勃勃，創作背後開始產生複雜的動機：如作品要賣多少錢、希望以後被知名的美術館收藏等等。

我拍第一部電影《春花夢露》時，也想著要進東京影展，也許有機會贏得高額獎金。這樣求進、希望成名的盼望亦非不好，但創作是一步一步前行的過程，總會遇見瓶頸，這時便需要找回創作最初的感動。

我們的孩子由第一幅畫開始，一路走來，繪畫便是為了呈現自己的內在，從來不懂得、或許也是無能力去思索作品的價錢或者成名的意義，只是好好的透過每一處顏色及線條的塗抹，表露內心的感觸。

在他們身上，我看見了自己創作多年後努力想再找回的初衷，這是我非常珍惜的地方。

這些孩子提醒我，單純可以如此美麗，

專注做著喜愛的事，便會逐漸引發出正面的能量。我們的孩子由於先天缺乏與外界溝通的能力，當遇見喜愛的事物，譬如繪畫，他們可以持續不輟畫上八小時，這種固著行為模式看似缺點，這份專注卻成為他們感動人心的力量。

從差異中反觀自我

當試將孩子們的作品商品化的過程中，我們也在進行一場生命教育，透過認識這樣差異的生命，回觀我們自己的生命。

我們既要思索如何將商品賣出去，亦要時時自省這樣做的初衷。不經由商業化，孩子們便沒有未來；但假如僅存商業化，孩子們沒有被看見，同樣也沒有前途。

當中我們還遭遇一個倍感辛苦的處境。近十幾年來，「文創商品」逐漸成為被濫用的名詞，一只馬克杯印上圖案，便被稱為文創商品，往往使買家卻步。我們努力突破這種既定印象，堅持品質，且會附上小卡片，敘述關於這件商品背後的孩子們的故事，彰顯其價值，使更多人覺得喜歡或值得一買。如此才能創造良善的循環，成為永久的經營模式，為這些孩子打開一條可行之路。

若以我身為創作者的經歷，真心且嚴格的說，其實每個人多多少少都有著身心的病症。倘若我們願意誠懇的面對自己，傾聽不同的聲音，慢慢的便不會僅將差異者視為「弱勢團體」，而能從中有所收穫。

▲ 多寶學堂將自閉症孩子的作品商品化，林正盛認為，這個過程也是一場生命教育。

放閃的人生

名家
黃尹青

04

THEME

珠寶裡的生離死別、愛恨情仇

認識名家

珠寶總給人權貴及奢華的形象，似乎與一般人有些距離，然而對黃尹青這位珠寶愛好者而言，珠寶也是情感的載體，彷彿照片或日記般，足以喚起一個舉足輕重的人生時刻、一段記憶。光澤、顏色、淨度等物質特性或許無法直接丈量愛的品質，卻能將美好的感情輝映得曳曳生光。

這位孜孜筆耕，發表過兩百多萬字珠寶文章、出過八本珠寶書的專欄作家，曾任《民生報》家庭消費中心記者，主跑珠寶新聞長達十五年，近距離凝視著台灣珠寶市場從封閉到開放的發展。

初入珠寶世界時，為了順利採訪及寫作，她自行請身兼多重身分的地質學老師為她家教，充實珠寶知識；每年更為自己訂定學習主題，從寶石鑑定、切磨、金工、鑲嵌、設計到行銷，一步一步磨練珠寶鑑賞的能力。隨著學習與深入產業採訪的累積，她的珠寶視野更加開闊，除了專業知識的收穫，還從珠寶中體悟到許多人生哲思。原本只是想把工作做好的黃尹青，最後愛上珠寶。

對珠寶的熱愛，讓她從專精走向雜學。持續深耕珠寶寫作的黃尹青認為，如今取得知識容易，但是要經營「觀點」，則需開放心胸，學習不同領域的知識，如此鑑賞珠寶時的廣度與豐富性才能提升，甚至獨特。她積極學習不少珠寶以外的主題，日本茶道、建築、西洋現代藝術 都在涉獵範圍，於是她眼中的珠寶，有茶道「款待時間」的意境，有建築線條的力與美，也有繪畫色彩美學的精巧，折射出不同的人文光采。

總結對珠寶多年來的觀察，黃尹青認為，珠寶的珍貴之處在於「凝聚時光」。一件珠寶可能含有來自南非的黃金、波茨瓦納的鑽石、哥倫比亞的祖母綠，甚至還有外太空的隕石。每一個元素，從礦物之始，便是天地長遠的孕育；其後需動用眾人的付出，探勘、開採、切磨、設計、鑲嵌；加上珠寶追求細節的完美，精雕細琢才能達致最美好的成果。如此種種，珠寶帶著時光的淬煉，集結廣大時空中的難得相聚，好不容易才來到人的手中。

這些點點滴滴為珠寶注入價值上的貴重，做為感情的信物，更是一份永恆的期盼和守護的承諾。黃尹青深深感謝珠寶，能夠歷經漫漫長路，最終與她相遇；她也想透過自己的書寫，讓擁有珠寶、喜愛珠寶的人深刻體會珠寶的工藝之美、內涵之美，進而品味及珍惜生活的美好，以及人生最深的羈絆與愛戀。

精采講堂

珠寶縱然華麗，深情更是可貴。

珠寶看似離一般人的生活遙遠，其實不然。人生有幾個時間點，容易和珠寶發生關聯，分別是出生、成長、發展情感關係和死亡。

生命和珠寶的第一步聯繫

一個新生命若與珠寶發生關聯，必定是受到歡迎和祝福的：歡迎他的到來，祝福他平安健康長大。這是父母對子女最根本的盼望，尤其古代幼兒的夭折率高，冀望借助更多力量守護。其中一種方式，是為小孩配戴有護身符功能的項鍊、手鍊等珠寶，祈請四方護持。

華人文化中，新生兒配戴護身符的習俗，起自明清時代。幼兒出生時，父母或舅舅等長輩們便會打造一把銀鎖讓他配戴，稱之為「長命鎖」，一方面祝福孩子能夠長命富貴，另一方面以「鎖」象徵將孩子的生命鎖在人世間。

彌月金飾則是現代人對新生命表達祝福較普遍的選擇。

從彌月金飾開始，生命與珠寶有了第一步聯繫。關於彌月金飾，有一說是因為黃金質量重，可幫助幼兒加重命格以留在世間；由實質功能而言，金飾又與錢幣等值，因此算是集各方面的力量，共同幫助扶養新生兒，希望他順利成長。

一般而言，父母收到彌月金飾時，因為體

積不大，多半會先妥善保存，等孩子長大後，在成年、結婚等人生的重要階段，再換成等值的金飾或鑽飾，送給子女。

▲ 喬治傑生的銀湯匙「我的最愛」，代表著幸福和對孩子的讚美。（圖片提供／Georg Jensen）

含著銀湯匙誕生

祝福新生兒到來，還能以銀湯匙為禮。西方有句諺語：「Born with a silver spoon in his mouth.」譯為中文便是「含著銀湯匙誕生」。能夠含著銀湯匙誕生，必是富貴人家的小孩，因此贈送銀湯匙一方面是讚美幼兒生來富貴，另方面是讚美此一家庭。

如果這個家庭的確是富貴人家，實至名歸；就算是一般家庭，亦蘊含讚許之意，代表這名幼兒選擇誕生於對他最好的家庭。

我個人最喜愛的銀湯匙，是來自北歐的品牌「喬治傑生」（Georg Jensen）。喬治傑生在台灣知名度最高的設計師朵蘭（Vivianna Torun）

設計出一款銀湯匙，名為「我的最愛」（My Favourite）。

這支銀湯匙最有趣的設計是在匙面藏了一顆愛心，舀紅色的液體便會出現紅色的心，若舀類似蝶豆花[1]飲料的液體，便會出現藍紫色的心。

朵蘭曾分享自己的故事，她小時候只要表現良好，母親便特許她用曾祖母當年受洗的湯匙來吃冰淇淋，因此對她而言，湯匙代表美食、讚美和幸福。

光采耀人的親子紀念

因為新生命到來，有的父母會特別買一件珠寶來紀念，做為送給新生兒的第一個見面

父母透過為小孩配戴珠寶，祈請四方護持。

▲ 珠寶可做為給新生兒的第一份見面禮，如梵克雅寶的送子鳥胸針。（圖片提供／Van Cleef & Arpels）

禮。曾經來台展出的「送子鳥胸針」，就是一位父親贈予新生寶寶的禮物。

它最特別的是，整體看來是一枚胸針，還可拆解成數件珠寶：翅膀是一對耳環，後尾部分是枚小胸針，送子鳥嘴叼著的是吊墜。吊墜的主石是一顆著名的黃色彩鑽，名為「瓦斯卡滿天星」（Walska Briolette）。鑽石重達九六．六二克拉❷，顏色等級是黃色彩鑽中最高等級的「豔彩黃」（Fancy Vivid Yellow），再加上獨特的「滿天星車工」（Briolette Cut），非常難得。

❶ 蝶豆是一種豆科植物，花朵含有豐富的花青素，因盛開時顏色鮮豔，如同展翅的藍紫色蝴蝶而得名。

❷ 鑽石重量單位，一克拉相當於〇．二公克。

這位父親在拍賣會上標得鑲有這顆彩鑽的項鍊，委託法國珠寶公司梵克雅寶（Van Cleef & Arpels）重新設計鑲製成送子鳥胸針。它的公開市價約新台幣三億元，是一份超級大禮物！

市場行銷持續激發不同的購買需求。除贈送新生兒禮物，珠寶商鼓勵送給剛產下寶寶的母親們禮物；畢竟孕育新生命值得慶賀，母親經歷辛苦的生產過程，更值得讚美。此類禮物通常有兩種設計，一種設計為一大一小，分送母子配戴；另一種設計則由母親先戴，待幼兒長大後再轉贈。

年年積累的守護

從出生到成年，父母希望一路守護子女成

◀ 父母會特別送珍珠珠鍊給女兒，表示「妳是我們的掌上明珠！」（圖片提供／MIKIMOTO）

▼ 林曉同的「陪伴小熊」胸針，以玉石雕刻，有守護的意涵。（圖片提供／林曉同）

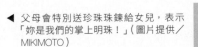

長，這個階段的珠寶，多半會以積累的方式，表達父母祝福的心意。

有位父親在女兒誕生時，買下一顆三十分❸的裸鑽，並且決定每年女兒的生日都加買一顆同樣重量的鑽石，直到她二十歲成年。累加的鑽石如同父親對女兒持續不斷的祝福與守護。

有一位母親，在女兒每年生日時為她添購鑽飾，這一年是鑽戒，第二年是耳環，第三年添一條鍊墜，持續累積，直到女兒出嫁時，將整組鑽飾送給女兒，那是一位母親陪伴女兒成長為女人的心情。

父母埋下種子，慢慢的等、逐漸累積，直到孩子振翅高飛那天，送上最大的祝福。如同「女兒紅」這種酒，在女兒出生時釀一罈酒，等她長大出嫁時，才開來與親友共享。也像有些地方的習俗，女兒出生時，種上一顆香杉，等她長大出嫁時，砍下做成嫁妝，陪著女兒展開新生活。

還有一種積累形式的珠寶，名為「吉祥吊墜手鍊」（charm bracelet），在西方常做為耶誕禮物，所有吊墜的造型皆取幸運或祝福的象徵圖案。

父母或長輩先贈送一條手鍊，然後每年送不同的幸運吊墜吊掛其上，多年下來，女孩手上便掛滿琳瑯的祝福。

父母會特別送給女兒的，還有珍珠珠鍊，表達的意涵是「妳是我們的掌上明珠！」而且

❸ 鑽石重量單位，一克拉相當於一百分。

祝福她人生圓圓滿滿。

有人不是選購現成的珠寶，而是自己設計作品送給女兒。

像是台灣珠寶設計師林曉同，因為思念遠赴國外念書的女兒，構思出一系列珠寶，名為「陪伴小熊」，用華人認為有守護意涵的玉石雕刻小熊造型，格外有意義。

莫忘最初的心動

到了更成熟的人生階段，相對經濟條件愈佳，當然成為珠寶強烈行銷觸及的對象。此時男女感情發展的各個重要節日和紀念，包含中西情人節、定情、訂婚、結婚、結婚週年等，都是珠寶餽贈的好理由。

感情、盟誓與珠寶產生如此緊密的連結，除了商業行銷，其實蘊含人們對一份美好感情能恆久不變的期望。因為珠寶使用的是貴重金屬和天然寶石，相對於其他物質，更無損於光陰，更具恆久不變的特質。

其中，婚戒可能是每個人一輩子與珠寶最深的連結。婚戒最大的作用在於提醒：提醒別人自己的已婚身分，提醒自己對家人負起責任，最重要的是提醒自己莫忘初衷。

在婚姻圍城內待久的人多數能體會，經過生活和歲月磨損，婚姻難免千瘡百孔。除了用心縫補，能夠重拾當初的心動和感覺，必定有助繼續往下走。

日日戴著的婚戒，若能有強力的深情連結，經久都能迅速連上當初的心動，肯定會是助力。所以婚戒的選擇最好是有兩人共同的心意，一起尋覓、一起設計、一起定義，有兩人共同參與的各種回憶，總而言之就是要為它創造意義。

曾經讀過一篇故事，有位男孩從十二歲起便養成一個習慣，每天隨手將當天未花用的零錢存入罐子，一個罐子滿了再換一個，如此持續近二十年。

他的父親曾問他：「那些零錢為何不趕緊處理，到底要拿來做什麼？」他回答：「我還不知道要做什麼，但是一定會用它來做一件特別的事情。」

直到他決定要向一位女孩求婚，終於想好如何運用這些零錢了——他補上差額買下一只戒指。這只求婚戒指因此特別有意義：一個

珠寶使用貴重金屬和天然寶石，
因而有無損於光陰、恆久不變的特質。」

十二歲男孩花了二十年逐漸積累、緩緩尋覓，終究尋得他的人生伴侶。

釋出珠寶的理由

曾有拍賣公司做過統計，探究人在何時會釋出自己擁有的珠寶，進而得出了「三D」的結論。

第一個D是「Death」（死亡），擁有者的後人會處理亡者的珠寶，這是很自然的事。

其次便是「Divorce」（離婚），若珠寶代表感情的連結，兩人離異就會顯得特別刺眼或容易睹物傷情，必定需要處理。

最後是「Distress」（失意），貧困或窮苦時，難免會變賣珠寶，換取金錢。

關於離婚，一九九五年有場令我印象深刻的拍賣會。物主是阿迦汗王妃（Saliman Aga Khan），她的夫婿阿迦汗四世是印度的伊斯蘭教精神領袖，堪稱當時世上最富有的男人之一。他們經歷二十年婚姻而後離異，王妃想將婚姻中所有的珠寶與她繼承自祖母的珠寶全數拍賣。

這批珠寶件件是精品，自然受到全球買家的矚目，而且阿迦汗四世一狀告上瑞士法庭，訴請法庭禁止已離異的王妃拍賣這批珠寶，更引起全球關注。

隨著訴訟過程，拍賣公司一會兒說要如期拍賣，一會兒又說無法舉行。直到終於開拍，轟動至極，所有珠寶皆拍出意料外的高價。

死亡其實是珠寶何去何從的一個很大的變

數。珠寶拍賣會上，有很多場重要的拍賣，都和人往生有關。特別轟動的，如一九九六年賈桂琳（Jacqueline Onassis）的身後物拍賣。

往生後的珠寶傳奇

賈桂琳嫁給美國前總統甘迺迪時，由於外貌出眾，穿著打扮又充滿法國風格，引起當時美國人瘋狂愛戴；後來她改嫁希臘船王歐納西斯（Aristotle Onassis）。離世後，她的珠寶、衣物、用品、藏畫、家具等，總共一千六百多件，交由拍賣公司公開競標，全球矚目。

珠寶件件拍出高價，例如一只歐納西斯送給她的鑽戒，拍賣所得約為原本預估價格的七倍。更驚人的是一條她配戴過的仿珠項鍊，市價大約十到二十美元，最後卻拍出二十萬美元。

另一位珠寶界傳奇人物赫頓（Barbara Hutton），曾被眾人稱為「最有錢的可憐女孩」。她的外公是美國百貨集團的大亨，赫頓的母親因病無法繼承，外公便將龐大的財產留給了她。她過二十一歲生日時，得到支配這些財產的權利，還有一串父親贈送的翡翠珠鍊。這串翡翠珠鍊非常精采，赫頓曾於許多重要場合配戴，後來贈送給好友。

赫頓是一位真心喜愛珠寶的女士，擁有各大名牌珠寶。其中她最喜歡的，就安放於三個珠寶盒中，每天伴她入眠。她從未轉賣珠寶，僅用來贈予。除了送朋友，有時聆賞歌劇或觀賞表演，遇見讚賞的表演者，會隨手將戴著的珠寶送給對方。

赫頓逝世後，旁人查看她的遺物，赫然發現僅剩三千五百元美金，原來她曾歷經七段婚姻，每回離婚皆付出鉅額贍養費，原本富裕的她，晚年卻幾近破產。儘管如此，她仍鍾愛著珠寶，生前從未變賣折現。

她或許無法想像，送給朋友的那串翡翠珠鍊，後來在拍賣會上，屢屢刷新交易紀錄。

我第一次見到這串翡翠珠鍊是在香港的拍賣會，每顆翡翠皆如龍眼般大小，盈滿著翠綠色，卻又通透如同玻璃，果然締造全世界最高的翡翠珠鍊拍賣價。

當時買下的是香港名人，購得時還被不少人認為買價過高。不料幾年後，這串珠鍊重返拍賣會，再度刷新世界紀錄，由設計這串珠鍊的珠寶商卡地亞（Cartier）購回收藏，成為卡地

一旦與死亡相關，
珠寶便成為傷懷與感念的寄託。

亞全球巡迴展的重要展示品，我也有幸兩度在卡地亞展覽中親賞這件作品。

寄託傷懷與感念

一旦與死亡相關，珠寶的角色便轉換為傷懷與感念的寄託。

珠寶中與死亡最常發生關聯的是珍珠。珍珠在西洋傳說中原是天使的垂淚，因此本質上帶有淡淡傷懷。我有位朋友的祖母過世時，她的父親讓祖母含著珍珠火化，與祖母相當親密的她，此後見到珍珠就會格外思念祖母。

我的母親也曾囑咐多次，希望有天她離世時，我們為她配戴一對珍珠耳環。珍珠在某些地區的習俗視為往生途中照路的明燈，因此在壽衣和壽鞋上特別縫綴珍珠。

與死亡相關的珠寶曾經發展出某種風格，稱為「傷懷珠寶」（mourning jewelry）。故事緣起於英國的維多利亞女王（Queen Victoria），她熱愛珠寶，在位六十年間，發展出西洋珠寶史上的「維多利亞風格」。

女王在十八歲時覓得如意夫君，兩人感情如膠似漆，當時的甜蜜使得她配戴的珠寶充滿濃厚的愛意。上行下效，大家跟著配戴那些代表愛情、愛心、永恆的珠寶。女王的夫婿逝世後，她因為哀傷，只願意配戴黑色珠寶，結果黑色珠寶大大流行，被稱為「傷懷珠寶」。

傷懷珠寶最大的特色是偏好鑲用黑色寶石，最常使用英國惠特比（Whitby）產的煤玉（Jet）。煤玉原是種木料，歷經火燒後沉入沼澤中，在溫度與壓力作用下成為硬度[4]僅有四度的寶石，呈現蠟狀光澤的黑色。

另類方式延續生命

有些珠寶是意外發展出與死亡的關聯。台灣珠寶設計師呂政男的作品「諾言」，就有一個這樣的故事。

當時他在碧潭開了一家銀飾店，原想利用在地的優勢，設計一款浪漫的鍊墜，讓年輕情侶們在碧潭撿拾鍾意的小石子，然後對著石子許下諾言，封存在鍊墜中。

這款設計經媒體報導後，吸引一對六十歲左右的夫婦前來。他們的女兒二十歲時不幸因病逝世，父母相當不捨，於是希望設計師將女兒骨灰分裝成六只鍊墜，讓六位家人可配戴，永遠與女兒相伴。呂政男接下這起委託。

作品完成後，又有一位女士來訪，希望訂製這款鍊墜來承裝丈夫的骨灰。一問之下兩組客人並不相識，都是看報導而來的。兩年後又有人經第二位客人介紹前來，一樣是要在鍊墜中裝入骨灰。

這款「諾言」鍊墜前後接受了這三次訂製，封存的都不是原先構想的石子，而且此後未再有人訂製。

現今美國有一類服務，當家人或寵物離世後，可將其遺骸燒製為鑽石。我一位年僅三十多歲的朋友，既有才華亦有出眾的外貌，因為天生的遺傳疾病，已逐漸跛行。她認真生活，也早已寫下遺囑，希望自己逝世後能被燒成鑽石，而且被送到外太空，成為她最愛的銀河中渺小但閃亮的那粒微塵。

她已經查好所有的手續、準備好花費，委託妹妹為遺囑執行人。

不只裝飾，更能激勵人生

由出生到死亡，珠寶都可能在我們的生命中占有一席之地。除了裝飾，珠寶亦可承載許多訊息，假使懂得運用，或許能激勵人心。

被譽為時尚女王的香奈兒（Coco Chanel），一九三二年時與鑽石集團戴比爾斯（De Beers）合作推出系列鑽飾。由於正逢全球經濟大蕭條，鑽飾推出時，出現兩種極端的說法，一種譏諷她，另一種則讚許她在如此黯淡灰暗的時代，展示世人如此美好的事物，無形中也是對當時人的鼓舞：美好不遠了！

無獨有偶，梵克雅寶的經典作品「芭蕾舞者」（Ballerina），也有類似的勵志故事，在黑暗的第二次世界大戰時期，「芭蕾舞者」是歡樂與希望的象徵。品牌傳人因為喜愛芭蕾舞，結合表演藝術家與鑲嵌師傅，開始製作芭蕾舞者胸針。第一批珠寶推出時，適逢戰爭，包含金屬、鑽石等許多資源皆受管制，於是便從一批西班牙國王的骨董珠寶拆下鑽石，做為芭蕾舞者的臉部與舞裙，這些鑽石皆是古老傳統的玫

❹ 寶石硬度分成十級，硬度愈高，加工難度愈大，玉石的品質也愈好。

瑰式車工（Rose Cut）❺。原來是不得不這樣做，但是後來的「芭蕾舞者」胸針延續這個選擇，臉部都是鑲嵌一顆玫瑰式車工鑽石，成為傳承特色。

還有一個真實故事，來自我的朋友。她的父親當年在國共戰爭時，曾帶兵打仗。戰爭中兵疲馬困，好不容易有戶人家願意供給軍隊糧食。她的父親感慨再貴重的金條也不如一頓溫飽，便將隨軍帶著的金條贈與那戶人家。屋主回贈一對祖傳的寶石。

當時疲累絕望的父親看見這對美麗的寶石，頓時重燃生存的希望，當下暗自祈願，要努力在戰爭中存活，最好將來還有一個女兒，看著她長大成人配戴這對珠寶。

後來我的朋友出嫁時，父親如願拿出這對寶石相贈。這對寶石在行家眼中其實是玻璃，但是它們鼓舞了一個人的求生意志。我的朋友也因為自己設計這對寶石，因此走上珠寶設計的路。

珠寶，確實除了漂亮，並無太多用處，但

▲「芭蕾舞者」胸針在戰亂中象徵著歡樂與希望。（圖片提供／Van Cleef & Arpels）

若願意好好解讀潛藏在其中的訊息，從中可能體會到無窮的意涵。謹引用珠寶熱愛者伊莉莎白．泰勒（Elizabeth Taylor）的一段話：「鑽石無法在失意時讓你依靠，也無法在暗夜裡給你溫暖，但是在燦爛的陽光下，它們是如此令人歡愉。」如同鮮奶油蛋糕上的那顆櫻桃，人生中沒有珠寶，也許一點關係也沒有，但是有了它，滋味一定不同。

❺最早的切割法之一，於十六至十八世紀是相當重要的車工款式，並在維多利亞時期被大量使用。切面突起聚集至中央，三角形的切割面如玫瑰花瓣緊密結合，亦類似歐洲的玫瑰花窗，因而得名。

創造你的美感京都

名家
李清志

05

THEME

以腳行走，用心感受

認識名家

李清志擁有許多不同身分——實踐大學建築設計學系專任副教授、專欄作家、廣播主持人，專長領域為建築歷史、都市空間文化、科技與空間研究。在這些看似很「硬派」的名稱背後，李清志心目中的自己其實是個「都市偵探」。他以細膩的觀察和豐厚的美學素養，漫遊城市、觀覽建築，將空間解構後那深層的文化底蘊熠熠生輝，使他成為城市「再發現」的最佳引路人，二〇一八最新出版《美感京都：李清志的京都美學》。

一般人看來跨界的經歷，其實從他的成長背景早已有跡可循。喜歡文學的他，高中時想要當作家，有趣的是，為了給予感性的自己一些理性的訓練，最後選擇了建築系。學了建築後，李清志發現從建築能延伸出許多文化、歷史、記憶，百看不厭，他從中得到許多啟發，建築後來成為他一生熱情之所在。

他更進一步仔細思索，自己的的個性享受孤獨，寫作不只能帶給他寧靜與沉澱，也能發揮影響力。比起建築實務，李清志更想把有限的精力與人生投入在教學、寫作和演講上。於是他跳出既有框架，開展出屬於一條投入所愛、發揮所長的人生道路。

這般探險性格，不只體現於人生，也是他身體力行於生活的常態。李清志熱愛旅行，台北、東京、京都都有他的足跡。透過他的視野與書寫，讀者看見的建築，不只是材料、工法等技術層面的展現，而是回歸心靈的體悟。同理，當他穿梭於城市巷弄，去哪裡並不是唯一的重點，而是過程中的體驗，他引用英國作家狄波頓（Alain de Botton）所言：「旅行的意義不是你去了哪裡，是去了那裡對你有什麼意義。」

他認為，台灣缺乏美感教育，也較偏好欣賞熱鬧、燦爛的事物，因此明明置身空間之中，卻難以靜下心來覺察其間的美學與文化內涵。而品味的提升，得讓心真正落定於「生活」中，感受每一個細節。他積極分享自身體驗，也規劃實體走讀行程，帶領許多人從眼到，更能「心到」。如此不只能培養人的美感觸角，更重要的是能創造自己的「祕密基地」，當現實與人生有所困頓，在這個城市中也依然有處可去，當充電了、平靜了，便能重新出發、面對世界。

法國詩人波特萊爾說：「移動，讓我的靈魂引以為樂。」李清志也是在不斷的移動中，反而感受靈魂的靜好。從實體的空間到心靈的空間，或能以他的一個書名「靈魂的場所」一語概括，原來與心為一的時空，將能如此深厚、如此廣闊。

精采講堂

美是一種探索，是一種體驗，而後成為一種記憶。

我造訪京都超過三十次，隨著年紀愈長，愈加喜歡這座城市。

每年春天，櫻花綻放時，我彷彿被召喚般飛去京都；後來覺得秋天也美，楓紅甚至比櫻花耐看，因此秋天也飛京都；漸漸的連夏天也去，現在即便冬天也去，一年四季都想去京都。

在京都甦醒的美感

於我而言，京都確實是充滿美感的城市，甚至是一座「美感救贖」的城市。

猶記得第一次造訪京都，漫步高瀨川，見到滿開的櫻花，我深深為之震撼。

高瀨川是由京都主要河流鴨川引水而成的運河，川水曾為走船運送物資之用，現如今兩岸種滿櫻花，春天時垂枝櫻降，等待花瓣緩慢飄落後，會順著河水流走。

我見到此景時，憶起蘇軾寫的〈東欄梨花〉：「梨花淡白柳深青，柳絮飛時花滿城，惆悵東欄一株雪，人生看得幾清明。」眼前所見景象，正如古代詩人描寫。

詩詞是美感教育之一，可惜從前課堂只為考試，並未教我們如何體會詩的意境。當時，我第一次感覺到與古代詩人心靈相通，美感好似突然被喚醒了。

▼安藤忠雄的作品TIME'S商場特別設計將向水邊開放的區域，遊客可在此欣賞櫻花飄落的美景。

「人生看得幾清明」可有兩層涵義，一層當然是在感嘆人生能否看得清明；當時我卻有另一層感觸：賞櫻恍似賭博，經常早在一年前便需預訂機票與旅館，然而即使年年到訪，人生得有幾次可賞到滿櫻？花期從來無可預知，櫻花經常盛開於清明節前後，這也是「人生看得幾清明」。

高瀨川旁建築大師安藤忠雄的作品TIME'S商場，特別設計了一層樓面向水邊開放，夜間點上蠟燭用餐，欣賞飄落的櫻花瓣，實在無比美麗舒適。

眾所皆知，他擅用混凝土包覆建築，以隔離四周紛雜的視覺元素，但倘若周圍的樹木、櫻花、水流等自然元素豐沛，建築師便會將建築空間敞開。

▼ 哲學之道是著名的賞櫻景點，走訪櫻花盛開的京都，足以喚醒人沉睡的美感。

若在台灣，大抵會圍起欄杆，立上「水深危險，請勿靠近」的看板吧？

安藤忠雄的設計使當地人眼睛一亮，此後高瀨川旁凡有新建或改建的餐廳，也都將倚靠水流的側邊開放。

另一個京都熱門的賞櫻景點是「哲學之道」。「哲學之道」緣起於此處鄰近日本哲學家西田幾多郎的居所，他生前每日於此散步、思考。安藤忠雄有本著作名為《邊走邊想》，意即人要經常透過步行走動，思考方能運轉。

許多人到訪哲學之道後，發現怎麼只是條小水道；然而每逢春季，水道兩側開滿櫻花，景象美不勝收，哲學之道這條小溪流因此成為著名的地點。

櫻花在春日綻放，此時日本或有新生入

學，或有新人投入職場。日本的學期與台灣不同❶，台灣學生在盛夏鳳凰花開時節畢業，日本則在櫻花綻放時畢業。在日本人的記憶中，櫻花盛開時皆是人生的重要階段。花期總能喚醒人們的記憶，這段時間日本人會瘋狂湧進公園，於樹下飲酒吟詩。

而秋天，日本人不僅僅止於賞楓，由於許多植物的葉面都會變色，所以他們稱為「賞紅葉」。秋冬之際，黑色的建築背景襯托著紅黃葉色，除了美感，亦顯禪意。

走訪寺院庭園

京都寺廟林立，我最愛走訪這些寺廟的庭園。一如世界知名的京都龍安寺「方丈庭園」，占地不大，小小一方庭園擺置十五顆大石，是典型的「枯山水」❷，據說無論從哪個角度觀看，都無法數到全部石頭。如同一座道場，人踏進枯山水中，心思便逐漸澄靜，開始沉思默想。有次，我偕小說《神秘女子》的作者阮慶岳老師拜訪庭園，他戴了頂破帽，便在園中陷入沉思。

許多人到京都必要造訪金閣寺，當然有部分是受到三島由紀夫小說《金閣寺》的影響。書中小和尚每日迫近於金閣寺之美，直到承受

❶日本大學的一學年一般是從四月開始到隔年三月。
❷枯山水是日本庭園的特色，以白沙、石頭構成自然山河，其排列蘊含禪宗思想與宇宙觀。

不住，縱火將它燒毀，這體現了日本的「櫻花哲學」——一物在最美的階段同時結束。

金閣寺貼覆金箔，著實輝煌耀眼，而我卻更愛銀閣寺。銀閣寺的建物並無銀箔，然因庭園中有座白沙砌出的望月台，夜晚的月光灑在白沙上，反射而入銀閣寺的窗戶，映照在天花板，因而使建築呈現出銀色光輝，正是銀閣寺之名的由來。

京都有種含蓄的美感，由月光折射出銀閣寺的例子，可見那份纖細的美的感受。

安藤忠雄在京都也設計有一座庭園，名為「京都府立陶板名畫庭」。這個庭園的特別之處在於完全沒有花草樹木，僅有清水混凝土、玻璃與水，我稱之為「安藤式枯山水」。

他以雷射將名畫印製在陶板上，這些陶板

「日本茶道講求簡樸，
當物質簡化至最少，精神反而更豐富。」

隨著路徑高低起伏，使名畫分布於庭園中，營造出中國園林般高低錯落的氛圍。入口處是印象派畫家莫內❸的《睡蓮》，日本人相當喜愛印象派作品，安藤忠雄則將陶板製成的《睡蓮》放入水中，使睡蓮與水波相映、栩栩如生。

簡樸茶屋，昇華精神

除枯山水外，京都也有許多茶屋。有首歌的歌詞說道：「柳靜風塵外，景明在茶苑，世人常去此，只為絕凡念。」有條道路通往城市以外的花園，其中有座茶屋，以茶道使人尋回清閑之心。當是閑情逸致的「閑」，而非閒來無事的「閒」，便是期望能去除外來的煩惱。

日本的茶道由天曆❹開始流傳至今，修習茶道需時數年，十分嚴謹。茶屋入口通常十分窄小，古時需將禮帽與配刀撤下方可進門，代表茶道世界中並無階級。進入茶屋彷如進入另一個宇宙，由窗戶往外望，人與自然交融。

日本建築系教授藤森照信研究日本建築史，發現茶屋是最小的建物，於是他開始建造茶屋。

如極富盛名的茶屋「高過庵」，位於他長野的住處附近，是座立於兩支樹幹上的小房子，

❸一反十九世紀中葉以前的寫實畫風，印象派不著重於形的描繪，而是重視整體視覺印象的把握，尤其是光影及色彩的變化。

❹村上天皇年號，期間從西元九四七年四月二十二日至九五七年十月二十七日。

▲ 吉岡德仁設計的玻璃茶屋「光庵」，極簡風格體現「少即是多」的哲學。

需要攀上梯子才能鑽進去；內部約莫兩席半榻榻米大小，有張桌子與桌邊燒水的空間，供一人煮茶，可招待兩位客人，這是茶屋最基本的構造。

近幾年，京都發展出一座玻璃茶屋，被稱為「光庵」，設計師是吉岡德仁。光庵位於山區的一座寺廟「將軍塚青龍殿」中，青龍殿當年為了能與清水寺一較高下，建造一座相當大的舞台❺，而今光庵便置於舞台上。茶道原先便講求簡樸，光庵更是將茶屋的設計演進到最極致的狀態。

德國建築師凡德羅（Ludwig Mies van der Rohe）有句名言「少即是多」（Less is more），我對這句話的理解便是：當我們將物質簡化至最少，精神反而愈是豐富。

擁抱自然，享受時光

京都人對精神性的重視，從和菓子專賣店虎屋的經營便可略見一二。虎屋店面座落於大馬路邊，過往專為皇家貴族供應點心，後來和菓子與羊羹皆十分暢銷，但店家又費心在巷弄中建了一座茶屋，供客人品茶用點心。

作家柏井壽曾說：「京都人不是真的那麼喜歡喝茶，而是喜歡享受喝茶的時光。」縱使茶與點心實在好吃，重點卻在有空間讓人享受喝

❺清水寺舞台依懸崖懸空而建，且以未使用一根釘子為特色。

茶的時光，欣賞庭園中春、夏、秋、冬不同的景色變化。京都人還講究「旬味」，也就是當令的食材。廚師每一季要開出什麼菜單，必須研究每個季節的自然物產，所以當享用茶點時，能進而與整個大自然節氣融合。

在京都，無論是餐廳、商場皆看重插花。所插的盆花會呼應自然時節，一般認為鮮花容易凋零，需要經常更換，為省去麻煩，便以塑膠花替代。然而，日本的侘寂美學，卻主張應接受大自然之生老病死，這也正是取用真花的重要意涵。

日式咖啡館風情

二〇一七年，星巴克咖啡在京都東山區開設分店，受到眾多矚目，原因是東山區為保存古建築的重要地區，亦是京都人文化意識最敏感之處。

這家星巴克特別以一家茶屋進行改造，無論外觀或陳設都保持原樣，僅有招牌轉為星巴克；它隱身於京都建築群中，包括庭園在內，將星巴克所有動線與茶屋做了極佳的融合，成為號稱全世界第一家可在榻榻米上喝咖啡的星巴克。

東山還有家相當時髦的%Arabica咖啡，商標便是一個%，%Arabica在嵐山渡月橋開了另外一家店，由一間小房子改造而成，因為曾登上雜誌封面，十分著名。但店內空間頗小，我通常買了咖啡便到一旁的堤防，坐在河邊喝咖啡，看著風景，有時也素描店前的人們。

其實京都早期便有咖啡廳。在鐵道出町柳站附近，有一家自一九五三年開店，至今碩果僅存的柳月堂「名曲喫茶店」。

喫茶店是過往咖啡館的稱法，所謂名曲喫茶店，便是提供來店客人聆賞古典音樂的咖啡館，有些咖啡店專門播放爵士樂，店主人通常是古典音樂或爵士樂的專家或發燒愛好者。

這家名曲喫茶店歷史十分悠久，更特別的是創始人姓陳，是台灣人，據說至京都大學求學後便留在當地，現在則由第二代經營。

店內古色古香，不過有許多規矩。分為兩個區域，一個區域專供喝咖啡聊天，另一區域大小近似會議廳，專供聆賞古典音樂，進入此區域便要保持安靜，連濕紙巾的塑膠包裝都提供開封小剪刀拆封，希望盡量不發出噪音。從前的咖啡館通常允許抽菸，此處則規定不能使用會發出清脆聲響的金屬打火機。

此外還有一個規定，客人可以點想聽的古典音樂，但週五、週六、週日早晨的第一首，必須是馬勒❻的樂曲，進到名曲喫茶店的客人若不明瞭這些規定，實會感到些許壓力。

感受純愛的京都

京都也是座浪漫的城市，在京都談戀愛是件美好的事。近年有部關於京都的純愛電影

❻馬勒（一八六〇～一九一一），奧地利作曲家、指揮家，一九六〇年代後在美國風靡一時。

《明天，我要和昨天的妳約會》，男女主角的時空交錯，時間軸卻是相反的，他們每五年遇見一次，若是正好在二十歲時相遇，便有機會談場戀愛。

愛情電影若以某座城市為背景，那麼約會的地點，理應是都市中最浪漫的景點，因此，我便隨著這部電影去尋訪他們談戀愛的場景。電影情節中他們在鴨川跳石頭過河，鴨川沿岸共有四處可跳石頭，而且四處的石頭造型都不同，烏龜造型的石頭位於賀茂川與高野川相交為鴨川的匯流點。躍過這石頭著實不容易，力道得拿捏得當，交往中的男女朋友相偕去跳石，考驗兩人的默契，是饒富趣味的景點。我常覺得，城市建設不見得需要花費很多錢，運用巧思便可使大家樂在其中。

接著電影中的主角們在京都搭小火車約會，其中一條是叡山電車，比鄰京都大學、京都精華大學及造形藝術大學，由左京區轉往山區，因此有許多學生搭乘；後段轉下山往鞍馬貴船，途中有一站鄰近惠文社書店。此書店聞名之處在於店內書籍皆由店員親自挑選，成為獨有的特色，至今仍為京都內廣受歡迎的書店。京都當然也有蔦屋書店，由前輩現代主義建築師前川國男所設計。

造訪特色電車與澡堂

京都人夏季常會上山避暑，搭乘上山列車，椅子多設計面朝窗外，以供沿途觀賞山景。秋季尚有賞夜楓的活動，我曾搭乘賞夜楓

▼ 嵐電有一路段行經櫻花隧道，是相當受歡迎的約會行程之一。

◀ 京都舊澡堂改建而成的咖啡館Cafe' SARASA是特別的約會景點，擁有特殊的「唐破風」造型入口。

▼ 有百年歷史的澡堂磁磚，讓人感受到日式的復古風情與記憶。

電車，原以為是搭至山上後，自行下車賞楓，未知車開到某處後燈突然全部熄暗，闐黑之中，窗外的楓紅全被燈光照亮，隨著電車駛過的動態，光影交錯流轉，萬紫千紅，彷彿電影中的魔幻場景，那是個充滿浪漫與驚喜的奇特經驗。

京都另有一條電車線，被稱為「嵐電」，由嵐山通往四条大宮，其支線則通往北野白梅町。嵐山近年來逐漸變為熱鬧的觀光地區，有些車站便改造為觀光車站，裝置許多公共藝術，例如以京都傳統織布西陣織製作的藝術品。更有趣的是，乘客在嵐山車站等電車時可以泡足湯，天冷時泡足湯實在相當舒暢。

這條電車線有一路段行經櫻花隧道，是春季最受歡迎的行程之一。我曾拍攝一幅極美的畫面：紫色的電車，穿過一側開滿櫻花的鐵道。當時我刻意避開了人群，畫面以外其實擠滿拍照的人們，春季鐵道公司總會派遣數名警衛管理此路段，以免民眾爭相拍照，未與鐵道保持距離而發生危險。

此外，在電影中許多人會去京都的澡堂約會，這並非為了泡澡，原來這些從前的澡堂已改造成咖啡館。我特別喜愛京都老房子改造而成的咖啡館，咖啡香瀰漫於老房子的空間，正好去除其中陳舊的氣味。

有的澡堂已超過百年歷史，擁有建築學上稱為「唐破風」的入口，日本建築使用唐破風代表通往另一個世界，澡堂內煙霧瀰漫，就像到達另一個世界，因而使用唐破風，另一處會用到此種入口的則是殯儀館。

澡堂中最棒的事物之一便是磁磚，這些留存下來的古老磁磚，即便已過百年，多半仍鮮豔亮麗。也有改造得較現代化的老房子，以白色為基調，仍然保留從前澡堂的磁磚，以及浴池與收費櫃台的原貌，改做餐廳使用，成為和洋混合式的建築。

除了澡堂，也有真可泡澡的古董溫泉，原為京都最早的電氣溫泉，我並未試過，據說溫泉中會放電，泡起來感覺麻麻的。

父親的京都記憶

京都是日本人「心靈的故鄉」，對我而言也是一座特別的城市。

我的父親於一九三七年到京都求學，當年他只是名十四歲的少年，讀的是同志社大學。這是一所歷史相當悠久的基督教大學，位於京都中央「御苑」（天皇住所）的後方。在京都這座布滿佛寺的城市，同志社大學校園中林立西方的古典建築，顯得十分特別，至今仍保留許多古蹟，如禮拜堂，開學典禮依據傳統皆於此舉行，已持續將近一世紀。

由於父親作風典雅老派，鮮少講述往昔的經歷，一直到我長大後，才如拼圖般逐漸拼合父親過往的人生；包含他戰後赴美，在芝加哥大學完成學業，又在三十多歲後返台的漫長路程。因此，我一方面喜愛京都，另一方面則有某種解謎的心情。

漫遊京都時，我時常想像起父親、那個十四歲少年負笈此地的生活。寫《美感京都》

時，我也梳理並思考了許多與父親有關的記憶，少年的他如何來到古色古香、充滿東洋文化氣息的京都，然而又在一所十分歐化的校園接受西式教育，如此種種也許皆影響了父親後續至美國進修的決定。

二〇〇〇年我與父親至京都參加同學會，重返同志社大學校園，父親回到校園，表情彷若回到少年一般，他領著我四處走訪，行至附近他曾租屋賃居之處。那是棟兩層樓的木造房屋，即便已超過半世紀，木造的屋子仍皆保存完好。

其後，我們尋訪他學生時代常去的一家小餐館，當時這家餐館因為可聽收音機廣播，有許多學生常去，另一個原因則是老闆有位貌美的女兒——日文稱為「看板娘」。我們並未在記憶的街角處尋著餐館，詢問附近的一位老婆婆，她答道：「對，這附近曾有家餐館，但最近幾年已不營業了。」攀談之下才發現，這位老婆婆便是當年那老闆的女兒，當時我渾身起了雞皮疙瘩。

時光靜止於此

京都便是如此城市，許多空間常使人感覺彷彿時間靜止在某個時代，而這片景色又被保存得十分完好，這是它迷人之所在。

高瀨川旁有一所已廢校的小學，掛著一塊寫著「內有咖啡館」的招牌，我總懷疑這看似廢墟的地方怎會有咖啡館，因此幾年來路經此處皆未步入。某次鼓起勇氣推開門進去，裡面是教師休息室，牆上還掛著值班表，而老闆如同化學老師一般正在烹煮咖啡。坐在那兒喝咖啡，時間好似靜止在老舊的校舍中，但最近聽聞這棟建築由於安全考量，終究將被拆除了。

我還喜愛京都的三条通，尤其是一九二八大樓。在九〇年代初，日本人拆除了若干老房屋，改建成當時流行的裝飾藝術（Art Deco）風格❼建築，一九二八大樓便為其一。其中有藝廊及展覽空間，地下層有家餐廳Cafe Independants，四處貼滿海報，帶著頹廢氣氛，但不失為用餐的好選擇。

京都人常言他們體內流淌著保護文化的血液。位於木屋町、先斗町這窄小的街道，兩側都是餐廳，未曾拓寬。若在台灣，恐因消保法規而無法保留下來。九〇年代時，京都市中心區建造了一棟大倉飯店，眾人憤怒它破壞了京都的天際線，紛紛抗議，當時京都內的古蹟如金閣寺、銀閣寺，皆因此貼出公告，「不歡迎住在此飯店的人來參觀」。

和洋巧妙交融

京都不僅是一般人想像中的只保留古色古香，也許正由於京都本身的文化自信心相當強，也持續吸收、融合多元的外國文化。日本最早引進法國長棍麵包，便是由京都開始；以

❼ 裝飾藝術風格不同於古典主義建築的繁複，多用幾何元素、強調簡約，表現機械時代特色。

琵琶湖水發電而有最早的路面電車；甚至料理食物的方法，譬如義大利麵佐以日本大蔥、配京都的豆腐，還有咖啡飯、鬆餅甜點等，遍目可見西洋與日本文化交融的痕跡。

京都尚有許多「洋館」，意為外國人建造的洋房。如哲學之道附近的洋館，屋子一隅的外牆爬滿常春藤，一樓是「迷子」古董店，二樓則經營咖啡館。在京都常會見到此類景象：洋館內坐著兩名身穿傳統和服的少女，既喝著咖啡又滑手機，這種和洋元素的混合看似突兀，整體卻無違和感。

外表雖然融合西式風格，內裡卻有屬於京

▲ 位於木屋町、先斗町的狹窄巷弄，仍維持著原始的樣貌，表現京都特有的歷史感。

▲ 除了保留傳統文化，京都處處可見和洋交融的元素，如結合西式咖啡館與日式庭園。

都恬靜的心靈居所，我覺得這正是所謂的「京都之心」。

開化堂是京都聞名的銅製茶筒製造商，手工茶筒要達到密封的要求並不容易，茶筒的銅蓋因為有重量，蓋上後會緩緩下沉而密合，做得相當精巧。

經營至第三代，店主有些新的想法，找到一間八十幾年的政府機關老房舍，請來丹麥的設計師改造為咖啡館，每逢傍晚四、五點便會在桌上點起蠟燭，成為這家店的經營特色。

另一家「村上開新堂」，早年專賣西式的奶油小餅乾，店面看來陳舊不甚起眼，再往內一進，有家重新設計的咖啡館，採用北歐的極簡家具，並設有庭園，客人可面對著庭園安靜品嘗咖啡與甜點，很有京都茶屋意境。有趣的是，日本的房舍洗手間常設在屋外，冬日若需外出盥洗，想像起來便覺寒冷，店家便設置好暖氣設備，實在十分貼心。

奇幻的異型建築

京都自古便有不同的建築文化相融滲，有一類被稱為「異型建築」，意即怪異的建築。

日本建築師伊東忠太被譽為「幻獸建築師」，他設計的建築中總會出現一些獨創的怪獸，譬如西本願寺傳道院，門口及周邊欄杆上裝置許多彷彿來自神話的怪奇動物雕像，整體乍看之下分不出源自何種傳統，像是融合了印度、西洋等多種建築風格，十分特別。

另一位京都土生土長的建築師若林廣幸，

他主張，京都若一成不變，終究會死氣沉沉，因此他要在建築上擾動京都。若林廣幸覺得自己的建築如同吃河豚般是一種冒險，決定改建一家河豚料理店做為事務所。而試看他位在衹園的怪獸建築，貌似古代兵器由內竄出，我稱之為「古典機械美學」，呈現神祕的機械美感。

▲ 高松伸將仁科齒科醫院設計成機械風格，影響了好萊塢電影《蝙蝠俠》。

建築師高松伸在八〇年代設計了一系列機械建築物，比如淺野牙科醫院，造型結合許多牙醫器械，實在叫人難以想像。又如建築在火車站旁的仁科齒科醫院，有人笑稱根本如出軌的一部火車頭，但這處設計竟影響了好萊塢電影《蝙蝠俠》。若將電影第一集中的高譚市美術

▲「顏之屋」是一座「有表情」的建築，嘲弄現代主義建築風格類似、無從分辨。

館與仁科齒科醫院對照，似乎便有抄襲之嫌。

京都還可見到許多前衛科幻風格的設計，好比名為「九小時」（Nine Hours）的膠囊旅館，造型類似太空艙，內部空間亦相當科幻而時髦。

另有間「顏之屋」，是後現代主義嘲笑現代主義的建築。從前的建築物容易由外觀分辨出是教堂、銀行等不同功能，彷彿建築會向觀者述說自身，而現代主義的房屋總是混凝土的方格，無從分辨，因此被戲稱為「啞巴的方格子」。建築師山下和正於是決定設計一幢「有表情」的建築，顏之屋造型就有如人一般的五官，而且並非裝飾而已，眼睛是窗戶，鼻梁實為通風設備，嘴巴做為出入口，呈現帶著譏諷的表情。

京都是座值得花費時間去體會的城市，春、夏、秋、冬到訪，皆有不同感受，而且會隨著年紀漸長越喜愛它。常言道，日本人有所謂「第三次的京都」，意即他們第一次通常在學生時代修學旅行到京都，第二次通常於開始就職工作後，與同事相偕到京都旅行，直到第三次，才會自己探索京都的大街小巷，找尋京都的引人之處。透過分享我的京都體驗，希望大家也有機會創造自己的美感京都。

從專注找回自在

名家
林強、
雷光夏

06
THEME

進入電影配樂的世界

認識名家

林強

散溢如夢的藍光，畫面中的陸橋長廊隨著主角舒淇前行的背影往前推進，逐漸鋪疊而上的電子音樂竄出，接著是林強喃喃吟唱的「單純的人，生活才有一些希望……」這是電影《千禧曼波》的經典畫面，畫面外的配樂製作人林強，從一九九〇年代以台語創作《向前走》走紅，引領「新台語歌運動」。從幕前轉幕後做電影配樂，他也將自己的音樂人生沉澱得更加單純、專注卻厚實。

初上台北，第一份工作在MTV負責選片，是林強與電影遙遠的淵源。當時的他喜歡電影，但還不知道自己日後製作的音樂會迴響在侯孝賢、賈樟柯等導演的電影畫面中。他從台語創作中找到自信，打進木船民歌西餐廳的歌唱決賽，接著因緣際會出了唱片，成為流行歌手。

暴露在聚光燈底下的林強卻察覺變得複雜的環境讓他不自在，無法單純做音樂。等他交出第三張專輯《娛樂世界》，這已經不再是流行音樂界的「林強」，而是挑戰著前衛電子音樂實驗的「林強」。這張專輯銷售成績慘澹無比，但找回自我的林強從舞台瀟灑轉身，一九九六年，在侯孝賢執導的《南國再見，南國》寫出配樂〈自我毀滅〉，是毀滅過去的自己，也宣告新生。《南國再見，南國》獲第三十三屆金馬獎最佳電影歌曲，林強之後又以《千禧曼波》等電影，獲四次金馬獎最佳原創電影音樂獎、《刺客聶隱娘》獲第六十八屆坎城影展電影原聲帶獎。

在配樂的世界裡，林強有了低調的自在，他明確告知導演自己的能力範圍，提出音樂製作上的想法，其餘一切聽從導演的決定。在創作中，他但求盡心盡力於當下的工作，甚至進入如同「乩童」的狀態，讓自己被音樂主導。回歸創作的純粹，把比較、追求表現的心態修飾掉，林強終究找到自己最好的位置與價值。

雷光夏

二〇一七年，雷光夏為台北電影節製作前導預告，隔年以《范保德》獲台北電影節最佳配樂、入圍金馬獎最佳原創電影音樂及最佳原創電影歌曲。一向低調的雷光夏被稱為「音樂詩人」，創作散發獨特氣質的樂曲，和世界進行有聲無語的對話。

她的音樂啟蒙，由父親雷驤發端。雷驤除了作家、畫家，也是紀錄片導演，需要為影片搭配音樂，身邊的小雷光夏耳濡目染，音樂的種子就此在她心中萌芽。高中時聽了坂本龍一替電影《俘虜》所做的配樂後，更立定志向要用電子合成樂器創作。

散發著沉靜氣質的雷光夏，面對夢想與目標卻有堅持到底的力道。研究所畢業後，她沒有成為上班族，窩在家裡不斷做音樂，後來在林強的牽線下，為導演侯孝賢的電影《南國再見，南國》製作配樂，就這樣栽入電影配樂，進行著結合視覺與聽覺的美學實驗。《第36個故事》、《迴光奏鳴曲》、《范保德》配樂都由她操刀，且屢獲金馬獎、台北電影節肯定。

回顧她的音樂歷程，說雷光夏的作品是「釀」出來的也不為過。創作必須誠實面對內心，她坦承自己步調慢，緩緩感受和累積生活，因為不能端出虛假的東西。也因此，她每張專輯之間都有一段漫長的空白，那是她真實的生命時光，也是她的沉思。

至於配樂，雷光夏認為，這讓她多了許多和他人合作的機會，進而嘗試改變。無論是獨自沉吟或是合體揮灑音符，音樂創作一路陪伴著雷光夏，構築出另一個全然不同於外在的想像空間，足以託付自己的全副感情與幻想，創造純粹的快樂。

精采講堂

在配樂的國度裡，
音樂訴說的不只是自己的故事，
也因此讓人體驗另一種自由和寬廣。

林強、雷光夏從侯孝賢電影《南國再見，南國》開始合作，他們各自的音樂人生也因為參與電影配樂而有了新的轉折。在這篇文章中，兩位音樂人以對談方式回溯當時交會的火花，以及從自我創作跨入配樂的心路歷程。

雷光夏（以下簡稱雷）：在我的大學時期，台灣社會沉浸在生命力勃發的氣氛中。經濟上一片榮景，政治上適逢解嚴，開放報禁，逐漸出現不同的媒體，每個人開始重新塑造、組構自己的主體性與自我認知。

當時我最喜愛歌手陳明章，以及集結許多不同屬性音樂人的「黑名單工作室」。「黑名單工作室」製作出十分精采的概念專輯，收錄了不同語言及風格的樂曲[1]，呈現台灣社會的政治情況與市井小民的心聲。

在此時期，林強經典的《向前走》專輯也誕生了。我曾告訴林強，當時的他實在既帥氣、歌曲又好聽。大學時的我雖較傾向是個「文藝青年」，對於眾人喜愛的偶像總持保留態度，但見到電視上林強穿著牛仔褲、白T-shirt在剛落成的台北車站內熱舞，仍被他的韻律感與勇敢強悍的特質所吸引。

林強（以下簡稱林）：我們常僅能透過媒體認識公眾人物，因而產生自己的想像。請別誤會，我既不勇敢，也說不上創意。當時的我更像是一件商品，完全由唱片公司安排、設定。我當然尊重那個第一印象所產生的想像，但其實那並非我的本意。

戒嚴時期在學校講台語會被處罰，解嚴後終於有機會，於是我便想以母語來唱歌，僅僅如此單純，其餘皆是加諸於我身上的期待而已。企劃宣傳人員希望塑造一位唱台語歌的年輕人，展現解嚴不久在整個主流體制下逐漸覺醒的本土意識，而我恰好符合這樣的需求，所有的目光便投射於我身上。

雷：文化研究中也有相關的理論，講述媒體上的形象與實際的自我形象逐漸剝離，最後可能連本人都認不出螢幕上出現的自我形象，即使那是所有觀眾認同的。若非身在其中，旁人可能無法了解那種感受。在現今這個自拍或自媒體的時代，或許對外呈現與真實自我之間的距離也值得質疑。

從唱片圈出走

林：以唱片走紅之後，賺錢變得容易，讓我有能力買房、買車。也許創作者本身便較為多愁善感，努力爭取到夢寐以求的物質生活後，內心依舊空虛，卻不曉得為什麼。而做為唱片公司的簽約歌手，必須配合許多社會現

❶黑名單工作室一九八九年發行第一張專輯《抓狂歌》，全為台語歌；一九九六年的第二張專輯《搖籃曲》則加入英語及純演奏曲。

實中的遊戲規則，不見得能滿足各方期待的形象，其中產生許多矛盾。

當時我自問，過著物質條件不錯的生活，四處有人索取簽名、合照，與專心創作音樂相比，這是我真正想要的生活嗎？

我遇見侯孝賢導演這位生命中的貴人，他告訴我，假如不想繼續唱歌，是否考慮加入電影製作的行列，我就這樣開始參與電影工作。不過一開始我僅是在眾人討論劇本時旁聽，或在拍攝現場坐在導演組旁觀察，思考自己如何參與其中。

拍攝《南國再見，南國》時，我第一次接

▲ 歌手時期的林強雖然紅極一時，卻讓他自問：「這是我真正想要的生活嗎？」

▲ 從加入電影《南國再見，南國》的拍攝與配樂製作開始，林強逐漸找回自我的形象。

觸電影配樂。剛開始由於並非出身科班，連五線譜也看不懂，僅能以吉他簡譜和弦創作。因故事描述的是社會邊緣人，我想音樂應該也朝向這樣的類型，便參考了許多非流行歌曲，包括「友善的狗」、「台灣地下音樂檔案」、「水晶唱片」這些唱片公司，也因此結識了雷光夏。

融入電影黑幫角色

雷：我認識林強時，他已完成《向前走》、《春風少年兄》、《娛樂世界》等專輯，似乎想與所謂的「唱片產業」或「唱片工業」割離，在與現實抗拒的張力狀態下，開始隨侯孝賢導演拍攝電影。

拍攝《南國再見，南國》時，林強飾演一名黑幫的小嘍囉，他當時完全融入到角色當中，似乎那便是自己真實的模樣，那是何種表演方法？

林：當時侯孝賢導演知道我缺乏表演經驗，便要求我將戲服帶回家，以土法煉鋼的方式，在平日便保持角色的狀態。我每天起床後即穿上戲服，讓自己一起床、一踏出家門便成為那個角色，而非拍戲時再進行轉換。

電影製片也安排我們拜訪南部的黑道堂口或酒店、賭場。我還記得曾到過高雄的鹽埕埔，因為當初是曬鹽的地方，四處是沙地，所以被稱為「沙仔地」，由幫派成員帶著我在高雄各處遊玩。直到電影殺青的一、兩年後，我依然過著類似的生活。

當時還仗著拍電影這樣貌似正當的理由縱

▲ 電影配樂讓林強回歸一位單純、自在的音樂工作者。

情於聲色犬馬，那幾年的狀態約略是如此。那樣的經驗使我發現，人墮落的速度比想向上學習、提升的速度要快上許多。

回到音樂世界

雷：西方樂壇有「二七俱樂部」的說法，多位搖滾樂手因為音樂創作名利雙收，但抵抗不住隨之而來的權力、欲望與誘惑，恰好在二十七歲時殞落。當我認識林強時，內心經常感到驚訝，他雖然不若外表冷酷，待人十分親切，但總覺得他潛藏著憂鬱及憤怒。

林：侯孝賢導演使我有機會在音樂與電影中追尋創作上的提升，思索一名音樂工作者的本分，他也提供了創作的環境。我出此開始學習電影配樂，也幸運的學到音樂技巧以外，對音樂創作至關重要的事。

由於侯孝賢導演的鼓勵與信任，也許再加上一些運氣，我逐漸告別過去那個年少放蕩的叛逆歌手，回歸一名單純的音樂工作者。

雷：《南國再見，南國》是林強初次從事電影配樂工作，其實也是我的第一次。

原本我的生活像一名「宅女」，每天窩在自己的小世界中做自己的事。某天接到電話，對方提到侯孝賢導演的電影想用我的音樂，配樂製作是林強，我錄下兩首歌，後來都被採用了。原本差點放棄的音樂夢想，又出現轉機。

我讀完傳播研究所後，一直想以音樂創作維生，但並未遇上特別的機會。我曾為父親（雷驤）拍攝的紀錄片配樂，總共十二集，便是那一整年的收入。

當時為了配樂購買八軌錄音機，酬勞很快花用殆盡；某次與大學同學聚餐，一頓簡單的火鍋便抵去一週的生活費。當下我突然意識到，一心想追求音樂藝術的我，似乎連自己都養不起了，因此決定前往愛樂電台應徵工作。

一切未曾白費

剛開始主要為幕後音樂或廣告單元剪接，某次有位主持人離職，我被指派代班，後來成為廣播主持人。因為學傳播出身，我對於傳遞訊息非常謹慎，加上性格並不隨興，所以每句台詞都要先寫稿，兩、三個小時的節目，可能需要準備三、四個小時。

這樣的上班生活使我有了較穩定的收入，而離開學校之後在家創作音樂的那段生活，似乎逐漸遠去了。

那兩年卻對我影響重大。我一心想創作出與眾不同的音樂形式，希望歌曲並非僅按照「A-B-A」（主歌-副歌）這些制式的形式，而是除了乘載語言（歌詞），也同時乘載或醞釀著旋律，有時是音樂、有時如唸詩、有時吟唱。當時想發明這樣的歌曲，而留下的兩首歌便被選入《南國再見，南國》。

電影殺青上映前，我獲邀觀賞試片。身為上班族的我原已疲憊不堪，覺得與音樂夢想漸行漸遠，也許就此做一名媒體工作者就好，但在試片室中，當音樂伴隨著大銀幕的影像出現，有股強大的張力將我牢牢定在座位上。這種影像與音樂結合的方式是我腦海中從未想像過的，我瞬時明白那兩年的時間並未白費，內心充滿著感動與感激。

配樂從觀察開始

之後又有了第二次機會，林強邀請我為電影《海上花》創作主題曲，我們溝通、討論劇情的過程，或許對許多人而言過於抽象，卻是我非常喜愛的溝通方式。

除了翻閱張愛玲翻譯的《海上花列傳》❷，因為林強向我描述，那部電影整體的色調與細節如同克林姆（Gustav Klimt）❸的畫，我便四處查找克林姆的畫作。

此外，父親曾提過故宮博物院內收藏的多寶格，每一格打開都有一則故事。林強邀請我觀賞試片時，我覺得那部電影給我的感覺便像封鎖在多寶格中的故事，一格一格，每則故事都封鎖在膠片中。

我由克林姆的畫作到故宮多寶格一路發想，再融合祖母關於故鄉上海的記憶，開始譜寫詞曲，完成了《海上花》的主題曲。

由《海上花》開始，我便十分喜愛也珍惜

❷《海上花列傳》為清末著名的蘇州吳語小說，描述上海妓女的愛情故事。張愛玲非常著迷於這部小說，並將它翻譯成國語版本的《海上花開》、《海上花落》兩書，成為侯孝賢電影《海上花》的原型。

❸克林姆（一八六二～一九一八），奧地利畫家，畫作特色為色彩強烈、著重女體的刻劃，且帶有情欲、頹廢的美。

為電影創作音樂的機會。創作者經常是自訴或自剖，而配樂卻是由觀察開始，有時隨著他人的故事描寫，有時放進自我的感受。

將自己當作電影的一部分

另外一部由我參與配樂並創作主題曲的電影《范保德》，主題是父子關係。故事中六十歲的主角范保德已身患絕症，仍想赴日本找尋離家已久的父親，於是他與兒子相伴尋父，並在過程中逐步面對自己身體的衰敗與曾犯的過錯。

我覺得導演想以這則故事隱喻台灣的歷史進程。

戰後的台灣人在全球追逐財富，在此背景下，范保德的父親早年離家至日本，而後想赴美國，接著又轉赴中國大陸，哪兒有機會便往哪兒去，也因此拋下了范保德；范保德自己面對同樣的機會時，則選擇留下，這似乎是他內心覺得「對」的選擇，於是他扭轉了原本即將要重演的父子命運。

范保德婚前曾有過另一段情，兩人短暫交會，卻不如徐志摩所言「有互放的光亮」，只能無疾而終。

在創作配樂時，我嘗試自我置換為故事中的角色，揣想那樣的心情，寫下歌詞：「一天一年／不見不念／短暫交會／未曾互放光亮。」彷彿未見此人，便未有想念，然而事實卻是自我壓抑著不去想念。

譜寫這些歌曲時，我既在描述角色的情緒，又置入自己的心情。經歷這番過程後，我

▲ 雷光夏始終嘗試著不同的音樂實驗，甚至是結合影像與音樂的可能。

發現這次似乎與自己從前的作品不太一樣。加上蕭雅全導演剪輯了一部相當具張力的MV，令人感覺更為寫實，更貼近現實中某些掙扎與生活情狀。

我創作過的電影配樂其實不多，但每回我專注於其中，看著畫面，總覺得自己便投入到故事情節裡。因為影像世界充滿非常豐富的符號，所以我會逐漸入迷，將自己當作電影的一部分，創作靈感其實便來自於影像給予的震撼及感動。

林：身為配樂工作者，必須進入電影中的世界，知曉導演的表達意圖為何，包括對光影的處理、個人獨有的美感。每位導演皆有專屬於自己的創作美學，配樂者的工作則是貼近、跟隨其後，或者佐以另一種詮釋。

我對於現在所扮演的角色十分滿意，於我而言，經歷過往的種種之後，身為電影配樂工作者，無須以創作表達自己、強調自己，而是為導演服務，這使我感到非常自在。

逐漸懂得反省與敬畏

雷：林強相當年輕時以《向前走》走紅，我在二〇一七年台北世大運上聽到這首同名歌曲時非常感動，副歌最膾炙人口的一句歌詞便是：「向前走，啥咪攏毋驚（什麼都不怕）」，這想必鼓舞了許多年輕人。然而經歷各種考驗後，逐漸也學習對許多事物抱持敬畏的態度，能否談談這心境的轉變？

林：首先聲明，我未曾習醫，但依我所

▲ 經過時光淬鍊，林強學習到對許多事物抱持敬畏的態度。

知，人視力能見與聽力能及，都在一定的波長或頻率範圍內。由此我不免會推想，在面前的這個世界，我們無從認識的必定比能認識的要多，或許僅是目前尚無科學方法證實而已。

隨著年紀漸長，我愈來愈有這樣的信念：假如有某種更高的智慧，是我們無法以有限的感官能力認知的，僅能以宗教信仰的取徑，稱呼為神、上帝或造物主，那對於自己未知的對象，應該抱持敬畏之心。

由於年少時不用功，我也嘗試自學一些古代經典。曾在佛教典籍中讀到「若知前世因，今生受者是；欲知來世果，今生做者是」，使我深有感悟，因此由「什麼都不怕」的叛逆不羈，逐漸懂得反省與敬畏。

例如我自小愛捉弄小動物，經常捕田間的蛇、青蛙、蜥蜴來凌虐，之後對這些生命感到虧欠，因此已經茹素十年了。

說來恐怕有些迷信，純可當作趣聞分享。我自小便不擅長讀書，即使明天要考試，自己也想用功讀書，但大約讀個十分鐘便會睡著。我想既然在家讀不下書，便到戶外試試看，夏季待在樹蔭下比較涼爽。我讀書時蟬鳴震天，為了驅走牠們，便取磚頭去扔樹幹。

當時家住彰化孔廟附近，我們幾個野孩子常將供桌當作乒乓球桌，常與斥責的管理員躲迷藏。我們還會在廟埕打棒球，有次將廟中的石塔敲崩了，又挨了一頓罵。長大以後，我常聯想過去讀不下書，是否正因為我不尊敬至聖先師，現在只要有機會路經台灣各地的孔廟，我必定會入內行三鞠躬禮。

用作品回饋社會

雷：許多創作者都想靠一首作品大賣來賺錢，後來你卻決定開放〈向前走〉這首歌的詞曲授權。

林：其實這當中有些誤會，常聽聞西方樂壇的某位創作者譜出名曲，後人繼承版權、因此受惠，台灣的現狀卻並非如此。

作品授權的初衷是保障創作人，這是極佳的立意；然而，當授權逐漸結合商業機制，經由版權公司中介之後，創作者從版權獲得的實際收益頗低。另一方面，因卻步於高價的授權費用，常使過去的優秀作品被束之高閣，會限制整個社會再創作的動力。

我的想法則是，歌曲走紅是來自社會上眾人的掌聲，將詞曲授權開放也是一種取之於社會、用之於社會的回饋。因此，我便在臉書上發布訊息，假如要使用《向前走》的唱片原版，仍須取得滾石唱片公司的授權，但假如要將詞曲重製運用，我便直接公開授權，也希望這樣做能更活絡整體的文化與創作環境。

捨不得不見妳

名家
鍾文音

07

THEME

生命與書寫的漫漫長夜

認識名家

二〇一七年，鍾文音照護母親的經歷化作散文作品《捨不得不見妳》，隔年交出用七年時光換取的「異鄉人」系列長篇小說《想你到大海》。

母親臥病期間，她依然堅持職業寫作的速度，這使她免於被日常吞噬；藉著書寫爬梳自身的歷史與漂泊記憶，她曾浪跡天涯的靈魂，也隨之回到島嶼。

成長的初始，鍾文音便隨著做生意的母親在許多大城鎮間移動，只是持家的母親正有著屬於那一輩、也屬於鄉村的直接性格，對待兒女也無絲毫溫柔。十八歲時，為了逃離母女間的摩擦與傷痕，鍾文音就此以讀書、寫作、旅行等各種理由離家，生命的流浪於焉推展至異國異文化，她藉他者撞擊自我，啟動了旅行書寫。

尤其到了她寫作的一九九〇年代，台灣正籠罩於全球化浪潮底下，鍾文音父母一輩，許多人從南部北上工作，當時的台灣人則走得更遠，與整個國際社會互動。這讓她體認到移動似乎是台灣做為一個海島的宿命，異鄉人來去，混血文化濃烈。

成長背景與社會環境相互對話，她得以揉合個人的家族歷史與台灣女性的宿命，展開一系列家族書寫，包括第一部長篇小說《女島紀行》，以及其後的代表作「台灣島嶼三部曲」——《豔歌行》、《短歌行》、《傷歌行》，刻劃存活於這塊土地上的生命所歷經的傷痕。

二〇一一年完成三部曲，之後鍾文音除了擔任國內東華大學、中正大學等駐校作家外，也開始參加柏林、香港、聖塔菲、愛荷華大學等國際作家交流活動。就在結束愛荷華大學國際作家工作坊之後，回台的鍾文音瞬間遭逢重大的人生轉折——母親突然昏迷，之後進入漫長的中風臥床。母女兩人重新同住在一個屋簷下。

她去學習如何擔任長照員，並經常為母親剪髮、梳洗沐浴、按摩、傷口照護等，投入難言的生活現實苦痛與煎熬，這份現實雖然侵入了她的時間、她的寫作，但這段路終究走向與母親團聚和解，母親身邊成為鍾文音的定錨之處。她意識到：「以前覺得家是自己的天空，後來才覺得家是有母親的地方。」她很慶幸有時間可以向母親說上無數次的道謝與道歉，還有機會說出愛。

母親因長期往返於馬偕醫院，領著鍾文音深入探勘淡水這塊她讀大學時的重要青春現場，展開歷史探勘的生命地景，並將馬偕之妻張聰明的旅程和自己的生命記憶相互對話，交織成《想你到大海》。在《想你到大海》被剪去的母親，衍生出鍾文音的下一個寫作計畫《別送》，描述由一趟送終之旅出發的故事。也因《想你到大海》寫作期間，鍾文音為母親找到印尼看護，她思及將異鄉人的書寫視野放到東南亞。

如此綿延而去，雖然鍾文音正學習與母親道別，但母親亦在悄然之間常駐於她的創作，以另一種溫柔孕育著這位作家女兒的人生。

精采講堂

漫遊者終至目的地，母親給予的最後一堂課，捨得。

我很早就知道我的人生勢必要走上動盪之路——前往紐約讀書，而後又投稿獲得《聯合報》文學獎大獎，走上作家這條路。我感恩自己自年輕便有動盪的生活，如果我的人生一直很安逸，母親中風就醫照護的這一場仗，我根本打不下來。

寫作者就像諮商心理師，得層層剝開自己，不斷審視自己的心理狀態，所以這段期間，我反覆檢視自己的內心深處：我曾經是一個如此習慣孤獨的人，為什麼到中年之後，反倒恐懼孤獨？這樣的變化從何而來？

我想，極有可能是母親倒下後，我將她接來同住，生活中突然多了一個她，因此當她住院之後，我獨自回到住所，家裡到處都充斥著她的氣味，我突然沒辦法一個人了。

我從一個人、喜歡一個人，無論是一個人旅行、一個人散步、一個人到台北，最後把母親接回來，經歷生命層層的情感轉折、反思、回憶，這樣的過程應該可以說是一趟探訪的旅程吧！

挖進生命的板塊

我相信很多人並不願意回憶自己的生命，因為所有的回憶都意味著將捲起許多黑暗、許

▼ 透過照顧中風臥床的母親，鍾文音開啟了一段回憶人生的旅程。

多粗糙砂礫、許多傷害。

我以往從未想過，母親的掌控可能是她表現愛的方式，畢竟我無法從中看到母親對我們的愛。然而，近來我一直在倒帶回想，書寫《捨不得不見妳》這本書，是一個痛苦的經驗，它如以血淚換取，用回憶、用生命的怪手挖進我生命的板塊。

母親初初倒下時，我根本無法接受文學，心裡每天空蕩蕩的，在醫院蒼白的燈下，看著蘋果綠的窗簾、病人疼痛的表情，聽著恐怖的抽痰、哀號、呻吟聲，不斷徘徊在蜂鳴器響了又靜止的空間。在病房裡，文學根本無法解決實際身體的疼痛，它甚至不如一顆止痛藥。

然而，當母親的身體狀況漸趨穩定後，我回到書房，把文學撿回來，這才發現文學還是能夠撫慰心靈，可以供給我們咀嚼、回味與感受，有如對鏡般，偷取一點文學的精神力量與智慧良方。於是，我從「文學不如一顆止痛藥」，又重新體會到「文學就是止痛藥」。

文字是虛構跟現實交織而成的，最早「文」字是「紋」的意思，古代人用紋身嚇阻動物攻擊，因此它必須建構在現實裡，其中包含無法言說清楚的狀態，必須不斷咀嚼、體會與個我關係，方能冷暖自知；文學來自於一切的生老病死、愛恨情仇，是無用之大用。

「捨不得」才是真相

美國評論家桑塔格（Susan Sontag）的兒子里夫（David Rieff）撰寫《泅泳於死亡之海：母親桑塔格最後的歲月》，記錄他陪伴母親最後與死亡搏鬥的日子。這本書撫慰了同樣正在陪伴母親的我，而我知道，定然有人如我一般無助，同我一樣於夜半離開醫院，在車水馬龍的路上，覺得徹底孤單，而心裡真正想要的，只不過是有人可以懂得自己。這促使我決定寫下《捨不得不見妳》。

我還讀了井上靖的小說《我的母親手記》，書中鉅細靡遺的記錄他照顧失智症母親的方式，但我未書寫實際的照顧方法，因為每種病症的照顧方式不同，並不適用於所有人。

現代書寫最嚴重的問題在於，文字吞噬了檢視自我的能力。隨處可見標語、金玉良言，但我們是否思考過、深切體會過？或者只是理所當然的以為便是如此？因此，對於使用文字我始終十分戒慎恐懼。

面對死亡的傷痛，並非幾年的時光就可以消散或是告別，所以我使用了「捨不得」，捨不得才是生命的真相。我不願意寫捨得，因為我真心不信，寫捨得的人，若非不理解人生的苦痛，便是早已赤腳踏過人生苦楚，滿腳皆釘。

訴諸散文的真實

母親倒下的時間點，剛好在我最熟齡的時候，再則也寫了許多書，我對事情的檢驗、對自我和人生的體悟都有所累積，因此她讓我學習了很多的功課，不論是生死學、醫名學、醫藥學……等等，甚至是處理褥瘡等實戰經驗。這些功課是用母親的苦痛換取的，因此我書寫時非常掙扎，要訴諸散文這樣真實的體例嗎？還是另寫一部小說？

思前想後，我決定這本書使用散文體書寫，且只處理我跟母親的部分，因為我覺得再也不可能重返我與母親這趟醫病關係的流浪旅程。如此便像《追憶似水年華》的懺情錄，一種告白，或向母親道謝和道歉的一封信。

它如果變成小說，經過多重繁複觀點的透視、解析和羅織，可能會形成一部放射般耀眼的作品，這或許有其文學價值，可是會使我忘記我與母親流浪醫院的歷程。而關於自己在這段期間發生的事還需要沉澱，目前仍無法處理，可能得用小說來訴說與轉化。

用散文體書寫，散文中的「我」，經常被視為等同於作者本身，作家需要極大的勇氣才能書寫，否則就得包藏在小說裡。

我想藉由散文貼著自己的地表前進，看探我與母親的緣分究竟如何而來？這樣的緣分在何時變成兩輛平行列車？而這兩輛平行列車又是在何時接軌？然後，我將要陪伴她到終點，這史上最漫長的告別，如同女兒與母親最長的距離，我如何陪她走完最後的臨終之路？

所以，我說它是生命跟書寫的漫漫長夜。

過往我如同一位漫遊者，眼見所過都像一部高速列車倒退的風景，並不扎實的感覺到

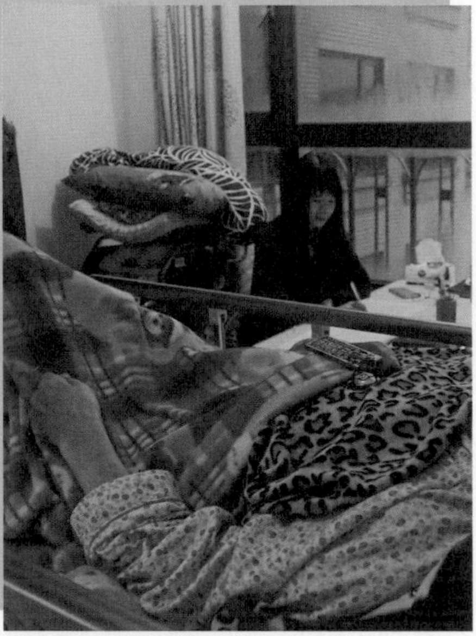

▲ 儘管文學無法止痛，書寫卻讓鍾文音得以面對終將與母親告別的傷痛。

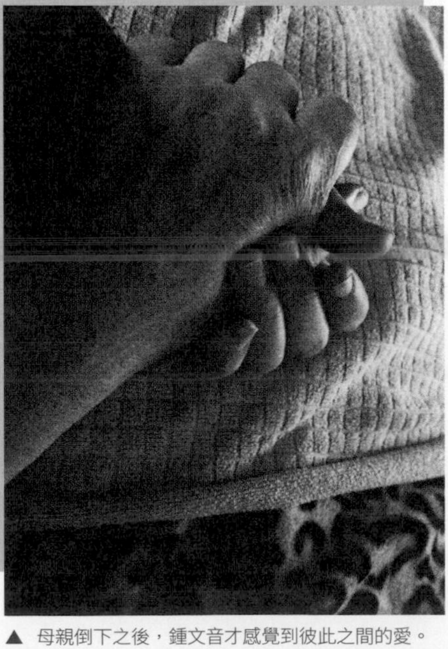

▲ 母親倒下之後，鍾文音才感覺到彼此之間的愛。

時間從生命流過。而如今每一刻都在看我的母親，她生命的變化、她需要我的急救、需要我的幫助，我瞬間像被鉤子勾住。

一直到母親倒下之後我才知道，自己是如此深愛她，那感覺像刀刺進身體旋轉數圈般的疼痛。所以我在書腰寫下「當道別來臨前，我一直讓母親知道：照顧妳，是此生榮耀」，這句話是我一直想讓母親知道的。

轉身面對生命的黑夜

失去母親的傷心，是無法被分攤出去的，我想要援救母親，讀遍了所有經典，像《梁皇寶懺》❶和《聖經》。在馬偕醫院時，我每天都會去抽福音機。我不斷反思，為何母親病後，我會如此痛苦？正是林林總總與母親有關的回憶，不斷撻伐著我對她的冷漠。

身為女兒，我非常任性，如我選擇以作家為業，母親從未干涉過，她曾說：「我們家沒有什麼錢，我能餽贈於妳的，就是自由而已。」

奇怪的是，當青春未燃盡之時，你沒辦法看到留在原地的父母那老去臉孔的付出。這是極其漫長的生命歷程。

我很感謝生命中有這麼一段歷程可以學習。母親生病以後，我想知曉自己將如何度過，於是訪問了約莫二、三十個所有失去摯愛的

❶南朝梁武帝為了替往生的皇后郗氏祈福，集錄佛經中佛的名號，並且撰寫懺悔文，成為《梁皇寶懺》。

人，每個人度過的方式都不同，在白日與黑夜的兩端完整自己的人生。在白日裡，我們必須扮演所有的理性，行走在社會的秩序裡；但在黑夜裡，是別人看不到的眼淚。這些錯身的故事、悔恨的故事、突如其來失去摯愛的故事，交織出所有人生的片段。

同樣的是，這些度過的方式都充滿恐慌，因此未能寫下。生命的漫漫長夜日復一日，但未必每個人都經歷過書寫的漫漫長夜。

很多人無法書寫，因為書寫必須直心面對，坐在書桌前要面對自己的那一刻，人會本能的想要逃離。只有書寫者知道，伏案而坐時如同靜坐，所有的往事、所有的折騰都會撲面而來，使書寫是如此難以突破。

但在整個長照防護裡，知道自己的臨界點何在、如何尋找出口是非常重要的安全機制。在臨界點來臨時，你如何按下求救鈴？如何設置生命安全的停損點？如果越雷池一步，可能就會崩解，可是那只能仰賴自我的體察。

這就是我要說的，書寫深入的重要。

為脆弱建造一座後花園

與母親一起征戰的過程中，我也重新認識了「身體」，幫她剪頭髮時，我自然而然回想起小時候剪頭髮的記憶。

那是一種召喚，寫作就是有這樣的能量，讓我開始想起跟她的所有回憶，於是我會準備筆記本在身邊。當時我所用的筆記本剛好是梵谷，梵谷的生命隱喻也很巨大，他在自己孤獨的空間裡，會拍一些照片與自己對話。

談論長照問題時，打擊照顧者最嚴重的問題，便是不知道盡頭在哪裡。日復一日的日常生活是最恐怖的，那是怎樣無望的盡頭。

當生命困頓，甚至想要按下暫停鍵時，我發現大師的作品可以做為鏡子，我的《捨不得不見妳》，其實也是一面鏡子。告別必然來到每個人的生命之中，無論是告別他人，或者是別人要告別你，所有的告別，所有揮手的姿勢，每天都在進行。

因此，當打開一本書，就是進入作者的漫漫長夜，進入你我孤寂的漫漫長夜。閱讀是孤獨的，是一個完全私密、封閉的個人劇場、個人經驗；是與作者同步互動，同步私語，同步靈魂交集。

在整個長照體系，
尋找出口是非常重要的安全機制，
但首先需要仰賴自我的體察。

因為清楚自己是脆弱的人，所以我為自己的人生闢設很多後花園，例如去紐約學畫，我不是要成為藝術家或畫家，只是想要找出自己飛翔的能力。

有一天，當我面前的世界按下熄燈號時，我可以回到孤獨的書房，回到孤獨的畫架前，孤獨的在所有空白的畫布上，一筆一畫的將它描繪出來，這一切都滋養著我的寫作。

創作者應時時脫軌

我在這段期間，不僅出了《捨不得不見妳》，也開了一次畫展，讓自己更有能量面對、並照顧我的母親。照顧者千萬不要放棄自己原本喜歡的興趣，因為這個興趣可以陪伴你，更茁壯你的生命，然後才能再照顧被照顧者。

我利用零碎的時間書寫《捨不得不見妳》，例如在等待室裡，我常常會觀察別人的表情，想像自己此時在機場的候機室，用陌生化的眼光看待所處的空間，這麼做有時可以拔除痛苦，使自己不會一直沉浸其中。

在同樣一間等待室裡將自己抽離，便可以看到每個人信仰的不同，有人在跟主禱告、有人在唸《金剛經》；我覺得那個等待室充滿著各種生命、宗教跟渴望主的隱喻。

陌生化眼光是一個很重要的寫作技巧。寫作的過程來來回回就是一種陌生化：我們如何介入他者的人生，如何在熟中求生、生中求熟。對事物過於熟悉，就會沒有感覺而變得僵化，因此我們必得用陌生化的眼光看城市，並試圖用陌生化的眼光看自己。

相映的寫作技巧則是熟悉與陌生。例如醫院這條路是我陌生的，那我就用熟悉的文學與它對話。再則是同質跟異質，好的文學都在共通的同質性下，有作者異質性的觀點。例如「母親」這個題材是同質的，我的異質就是我跟她的關係。

還有邊緣與主流、抽離與投入、閒晃與專注等，所有的作者都具有波特萊爾❷巴黎漫遊者的特質，以漫遊者的眼光，看待所有生命裡的靈光片羽。

作家無所事事閒晃時，恰恰是在跟大千世界對話，等回到書房，就會非常專注的書寫。書寫恰是調度多重目光交織成的生命，就是自我、本我、超我。

向心靈黑洞走去

寫作更特別之處，在於介入他者的人生。

我年輕時比較喜歡女作家，像是寫《情人》的法國作家莒哈絲（Marguerite Donnadieu）❸、寫《戴洛維夫人》的吳爾芙，也喜歡寫《太多幸福》的孟若（Alice Munro）。孟若將每個短篇人物都描寫到極致，就像每件衣服都剪裁得剛剛好，很節制，可是其中充斥著她對生命崩壞與

❷波特萊爾，法國作家、詩人，著有《惡之華》、《巴黎的憂鬱》，作品中可見對城市中邊緣人的關注。

❸莒哈絲，法國作家、電影導演，以《情人》獲法國文學最高榮譽「龔固爾文學獎」。

救贖那超越常人的見解。

孟若是二〇一三年諾貝爾文學獎得主，這位在小鎮裡度過一生的家庭主婦，人生非常順遂，以穩健的節奏，每一至兩年便出版一本書，她的作品幾乎環繞著她所居住的小鎮發生的故事，但是從她的封筆之作《親愛的人生》，我讀到了她寫給母親的懺悔錄。

一個一直書寫他人故事的創作者，為何到晚年會寫下自身的故事？因為她的生命有黑洞。她的母親在她九歲時罹患帕金森氏症，她身為老大，得擔負起照顧家人的責任，直到她拿到獎學金，至加拿大的西安大略大學就讀，逃離了那個家，然而這個決定卻成為她一生的黑洞，最後她也得直面它，將它書寫出來。

父親過世，我離家念大學，卻忘了母親會

空性並非要求我們不實踐，
而是要在「有」之中，
學習不執著的過程。

感到傷痛，我把母親留在原地，這件事也形成我生命的黑洞。因此當我讀到孟若此書時，倍感震撼。

孟若彷彿小鎮的裁縫師，用她看待世界的眼光，以小鎮的所聞所知為材，交織成多重的時空維度；但孟若只待在小鎮，並不與主流文壇接觸，就此安安靜靜的編織著故事。

奮戰或者投降？

也有些寫作者很渴望名聲，渴望被看見、被主流文壇認同，這是另一種態度。這種奮戰到最後的生命力是西方文學的價值；東方文學則較為缺乏這個部分。我們常被要求無問世事，最好退避三鄰，激盪自己的所有歷歷刻痕，不能明確刻在生命的畫布上，好像一旦到了一個年紀就得投降，即使不投降，都要有某種特定的樣貌。

為何如此？我想某部分是因為我們未能讀懂整個中國的「空性」思想。

當我們還沒有「有」，卻先讀到「空」時，會不知所措，因為人生尚未實踐，未曾擁有過，便要我們放下，過「空空也」的生活，會非常困惑與掙扎。但空性並非要求我們不實踐，而是要在「有」之中，學習不執著的過程。如同《捨不得不見妳》，本質是「捨不得」，終點卻是捨得，但我知道如果一開始寫「捨得」，便是自欺欺人。

寫作有時如同在淺水或在沿岸打撈，有時得潛進深海，若是後者，必須要有冒險的能力，端看作家能不能有勇氣，打掉原本習慣的寫作模式，並且背負可能寫錯的失敗。

在這個時代，人必須有很多抽屜安放自己，或打開很多的窗口，尋找屬於自己生命的逃生口。

冒險潛進創作的深海

我將自己的作品分成兩個抽屜，一個抽屜是沿岸跟淺水，比較能夠撫慰大眾，比如《捨不得不見妳》，讓跟我有生命同感的人，以及同樣面對母女議題或需要與母親漫長告別的讀者，產生閱讀的渴望。

另一個抽屜是深海的，要潛進去自己的生命之海挖掘，這需要漫長的時間，像我的長篇小說《想你到大海》就延宕了五年。

我是到了一定年紀後，才能體會海明威的創作。他寫《老人與海》時已經五十六歲了，此書根本是個象徵，象徵他自己，也象徵當今所有寫作者的掙扎與匍匐前進，而大海就是他對文學最後的禮敬。

創作者要永遠將自己的《老人與海》擺在心裡，縱使知曉闖進去會昏死，甚至還得跟它打仗，可是終得熬過去。我相信我生命中也有一本《老人與海》，雖然現在還沒創作出來，可是在某個時候會開花結果，然後告訴我可以潛進那座深海。

另一個創作的典型是馬奎斯，他的寫作力很旺盛，是少數能夠在得到諾貝爾文學獎之後還爬上高峰的人。馬奎斯的代表作是《百年孤

▲ 母親，是鍾文音創作中重要的原型。

寂》，但對我而言，《獨裁者的秋天》跟《迷宮中的將軍》寫得更好。

為了寫《迷宮中的將軍》，馬奎斯放下作家的身分潛入現實，研究哥倫比亞的獨裁者。如同村上春樹寫《地下鐵事件》，採訪東京地鐵沙林毒氣事件的倖存者，將自己現實的基地擴大，等到有時間，再回到虛構的世界。

文學提供救贖力量

在我曾經一度覺得文學無法撫慰我的長夜裡，又因為文學家細緻的心靈幫無以言說的人寫下了這一切，最後在孤獨中被救贖，這就是文學的力量。

《捨不得不見妳》已是我寫作關於「母親」這個母題的第四本書了。我年輕時的第一本小說《女島紀行》，女主角在台北生活卻無法適應，不知如何在城市裡安放自身，又因過年將返鄉面對母親而忐忑。這便是我與母親之間的「原型」。

《女島紀行》向吳爾芙學習了意識流小說的寫作技巧。

在《戴洛維夫人》故事中，派對女王戴洛維夫人為了生命的最後一場派對去買花，故事便發生在她買花來回的路程上。全書真實時間只有十幾個小時，卻倒敘了戴洛維夫人的一生。同樣的，《女島紀行》的真實時間只發生在五天中，故事卻開展出一段回鄉的旅程，訴說了女主角二十幾年的生命。

第二本和母親原型有關的小說《在河左

岸》，書寫一位年輕母親在淡水河環南市場討生活的經歷。這條河隱喻著生命的起源、家族的漂流，而河道分割成左右岸，亦象徵著台北城與母親的貧富對比。

到了第三本和母親有關的書《少女老樣子》，又回到散文體，寫母親中年之後，在台北和北投工作的經歷。我在創作時通常會先做一個漫遊者，重新將自己放回情境中，寫《少女老樣子》時也因此走向母親走過的地方，重新以母親的眼光看台北城，但以女兒的角度書寫，轉換成另一個敘事者。

重新拜訪過去的回憶如招魂一般，當我看到母親戴著鼻胃管的樣子，再想到她年輕的樣子，十分心痛，這正是過去的記憶重新折騰我們的每個時時刻刻。

雖然這是可怕的過程，但不需要恐懼，此時可以閱讀所有經典，不論教派，或者所有文學作品，都能給予我們非常重要且強大的能量，和這股能量深度交流，省思之後，重新折返自己，如此書寫與閱讀就是力量了。

接住每一段破碎的生命

名家
吳佳璇

08

THEME

精神科「浪人醫師」的人文追尋

吳佳璇是精神科醫師，她自許為「浪人醫師」，從台灣至離島進行精神醫療。而這位浪人的行跡，除了遍及不同地理區域，隨著人生軌跡的轉向，以及對換位同理的堅持，也促使她一再轉換不同的領域和視角，行走於多重邊緣之間。

她引用張愛玲所言：「我喜歡我四歲的時候懷疑一切的眼光。」進入精神科以後，醫學訓練重視實證的理性本色和精神醫療無可迴避的人性面產生撞擊。吳佳璇批判自己做為醫師的定位，漸漸發展出一條作家之路。

她認為，建立同理心最好的方法就是接觸。吳佳璇有意識的遠離醫師專業容易陷落的高傲冰冷，進入現場，傾聽，然後書寫，藉著故事的力量走到和病人平等的位置上。這也為社會大眾開啟了理解精神病人的窗口，透過吳佳璇記錄的故事，逐漸放下恐懼與疑慮。

尤其二〇〇八年起至離島支援，醫師與病人、正常與異常、都市與邊陲、漢人與原住民、加害者與受害者，種種社會慣常二分的標籤一下子全部並置眼前，更邊緣的距離讓她看見更多的故事。

美國作家桑塔格在《旁觀他人之痛苦》中說：「也許唯一有資格目睹這類真慘實痛的影像的人，是那些有能力舒緩這痛苦的人。」吳佳璇借鏡桑塔格，並選擇以「再現」受苦經歷為間接介入的方式，將自己親身走入田野所見記下，使讀者從中學習。另一方面，她也深怕自己的詮釋強化刻板印象，出版前更將作品請原住民族的同事及朋友檢視是否有需要修改之處。這一切的謹慎，都源自於她對人的尊重與關懷。

幾乎與此同時，吳佳璇遭逢母親的罹癌。當自己身歷其境，就算身為專業醫師也難逃失眠、焦慮和種種非理性判斷的侵襲。原本就投入「腫瘤心理學」的她，一直希望能協助罹癌病人與家屬進行心理調適；成為病人家屬後，吳佳璇更能體察醫療過程要面對種種艱困的兩難選擇，諸如要不要告知病人罹癌？要不要付出高昂代價嘗試新的治療方案？每個問題都生死攸關，卻無從逃避。她將這段母親苦難的經歷，寫成《罹癌母親給的七堂課》一書，獲得金鼎獎。

除了母親罹癌，還得走過父親的失智照護，她因而翻譯了NHK出版的日文書《失智失蹤》，除了自我學習，也回饋更多身處類似處境的人。

一位始終能從「疾病」透視「生命」的精神科醫師，從一段又一段故事中積累出足以面對脆弱的寬厚，而這些曾經付出的，都終將反饋自身。書寫使吳佳璇能夠整頓自我的生命，這條理解他人的路，也終究通往理解自己。

精采講堂

擺脫既定框架，活出醫者、作者、行者最接地氣的人生。

從事臨床醫學，應該要對於人與人的互動感興趣才好。可是我在就讀台灣大學醫學院時，更多時候只感受到競爭的氣氛，不少同學似乎只關注成績。我不喜歡全然沉浸於這樣的氛圍，於是旁聽、選修了一些他院課程，像是文學院的「新聞概論」，看似與醫學無關，卻使我很早就了解媒體的力量。

我還修了「變態心理學」這門課，是由二〇一二年離世的余德慧教授授課。余教授後來離開台大，赴東華大學發展臨終心理學。「變態心理學」課程十分有趣，修課人數總是爆滿。因為修讀這門課，我才知道當代的心理學與精神醫學，早已不僅止於佛洛依德的理論，那時的美國精神醫學會（American Psychiatric Association）已啟用了一套盡可能客觀的診斷系統。

這些新知使我產生興趣，亦促使我在大學四年級就決定畢業後要成為精神科醫師。

決定主修精神科前，讀到一則中國典故：曹操準備出兵攻打孫權，命二子曹植留守，六十歲的曹操對曹植談起自己二十三歲任頓丘縣令，僅在職四年，就因為一場宮廷鬥爭被免職，可是他回想當年的所作所為，並不後悔。曹操以此訓勉二十三歲的曹植應當勵精圖治。

當年也二十三歲的我深感震撼。曹操在

同樣的年紀已經擔任縣令，我卻才開始思索自己的未來，從此這則故事成為我的精神指標，三十歲、四十歲時，我都會回首來時路，省思自己有哪些事做不好、哪些事可以更好，又有哪些事還不錯，一路便走到了現在。

我想成為什麼樣的精神科醫師？

我常打趣說，精神科如同周星馳電影《功夫》中的「不正常人類研究中心」，研究一些較「不正常」的人。不過，並非一進精神科就進行研究，依照當年的制度，住院醫師學習滿三年，才有報考精神科專科醫師的資格，算是修完基本功。

我進精神科之前，約略知曉佛洛依德以精神分析探討人的潛意識，像是伊底帕斯情結等對成年後的影響。二次世界大戰後的精神醫學，則加速向生物醫學靠攏，研究者開始以統計與分析方法將人類行為區分成可作成診斷的症候群，因此有了《精神疾病診斷與統計手冊》（DSM；The Diagnostic and Statistical Manual of Mental Disorders）❶，我學生時期的版本是DSM-III-R，後逐步改版至DSM-V。

經常有社會科學學者認為精神醫學在「製造疾病」，尤其從DSM-IV到DSM-V，多了百餘種病名。按照其中的徵狀描述，現代人

❶由美國精神醫學會出版，目前為國際間最常使用來診斷精神疾病的指導手冊。

恐怕都有病，例如待在家中上網而熬夜失眠，影響生活、工作或學業，就成了「網路成癮症」。

臨床診斷固然有所依據，但我常想，若沒有相對應的治療，下診斷意義何在？既然是疾病，應該有一定的程序，確立這些疾病的生物基礎，不應只有專家學者組成的工作小組討論哪些行為不正常、算是病。

其實二十世紀以前的精神醫學也是生物醫學取向，二十世紀後半又重回主流。其中又以二〇〇〇年諾貝爾生理與醫學獎共同得主卡爾森（Arvid Carlsson）、格林加德（Paul Greengard）和坎德爾（Eric Kandel）研究血清素、多巴胺等神經傳導物質如何在大腦進行信息傳導影響最大。相較於其他醫學專科，精神

「臨床診斷固然有所依據，
但若沒有相對應的治療，意義何在？」

科醫師異質性高，單單看這些前輩的專業生涯發展，就有各種截然不同的面向。可我畢業當初，甚至考上專科後，並不清楚自己會成為什麼樣的精神科醫師。

跳脫醫藥寫作框架

台大住院醫師訓練期滿，我到新光醫院精神科任職，很幸運的遇到當時該院的精神科顧問葉英堃教授。

彼時，新光醫院是一家臨床服務有口碑的新醫院。我一到職，負責媒體公關的同仁就問我過去有什麼研究論文，可安排發表，藉由媒體曝光，逐漸會有病患前來求診。我心想，雖然做過一點研究，但不是這裡的資源，不該拿出來發表，就寫了三則故事。

其一是講述擔任住院醫師時，收到一張會診單，因擔心一位住院中的資深教授有憂鬱傾向，請求精神科一起會診。不知為何，那張單子始終掛在牆上，可能因為是資深教授，眾人卻步不前，我硬著頭皮取下單子。見到教授才發現，他不只中風失語，甚至意識不清，我不禁愣在當場，心想內科住院醫師如何懷疑他有憂鬱症？

公關主管看完我的三篇文章，致電婉轉說明，醫院要刊登的是醫藥版，我的故事似乎較接近副刊文學。其實我並非不明白，只不過不想落入制式的窠臼。我佯稱不會寫醫藥版形式的文章，請對方包涵，還是投出去試試看。

不久，發生九二一地震，那時我升任主治

醫師三個月未滿。心想自己雖非急診專科，也學過基本技能，又看到電視新聞的跑馬燈不斷閃著：「中部災區缺乏大量醫護人員，有意者請隔天早晨六點到松山機場的軍用機場報到。」我決心向醫院報備，幾經波折，當晚終於到了埔里基督教醫院。

記錄災區醫療實況

震後三日，我隨著屏東基督教醫院的救護車抵達南投縣信義鄉，由於餘震頻繁，附近居民都在學校操場避難。當天義診的求助者，主要是腸胃炎，或是需要補充被壓在毀損家園裡的高血壓、糖尿病等慢性病藥。

由於復原非一時半刻，眾人開始討論如何組織，政府也劃分救災責任區，以大型醫療院所為單位，一家大醫院搭配當地衛生所，支援一個鄉鎮。新光醫院負責的草屯鎮有草屯療養院，是台灣規模頗大的公立精神科醫院，我便加入他們，開始往返於台北與草屯工作。

又過了一段時日，《聯合報》主編致電給正在災區支援的我，提起那三則故事，表示醫藥版正需要這樣的文章，雖說與憂鬱症相關的疾病種類、症狀、診斷這類資訊，記者也能撰寫，但記者無法直接接觸到病患，因此希望我繼續寫出醫療現場的真實狀況。

我聽了表示人在災區，要過一陣子才能繼續，主編卻說：「那就把災區見聞寫出來！」之後，我便以一週一至兩篇的頻率，持續在《聯合報》醫藥版發表文章。

寫了約莫半年多的時間，累積相當的稿量，隔年出版了第一本著作《九二一之後……一位年輕精神科醫師的九二一經驗》，我才成為所謂的作家。

前往澳洲進修

醫院只同意精神科支援急性期心理復健工作，一九九九年入冬以後，我就回到台北的醫院。千禧年夏天，我回台大醫院擔任主治醫師，打算報考博士班。

回台大頭一年，我繼續寫作，集結成第二本著作《憂鬱年代：精神科的診間絮語》，談的是我在診間、病房，聽到許多以憂鬱症診斷之名，深深觸動我的人生故事。然而，教學醫院對年輕主治醫師的期許是研究、教學與服務，而我最缺的就是研究論文。只不過，那時的我幾乎確定，自己不喜歡泡在實驗室裡殺老鼠、跑電泳❷，但這類型的論文最有利於升等。還來不及思索該如何取捨，正巧得知澳洲墨爾本大學有在職進修機會，我連忙取得合格的語言能力證明，便飛去澳洲。

我在那裡遇到來自亞洲各地的精神科醫師，深感精神醫療除了要了解病人的故事，還得知曉社會文化。同樣憂鬱症的患者在柬埔寨和在台灣，獲得的待遇及命運可能完全不同。

❷ 在均勻的電場作用下，帶電荷的分子在流體中發生移動的現象，可用來分離物質。

我的師長陳珠璋教授早年曾參與ＩＰＳＳ（國際精神分裂症先導研究），這是聯合國世界衛生組織在一九六〇年代啟動的跨國研究計畫，研究結果顯示，在已開發國家如英國、美國，罹患精神分裂症（現更名思覺失調症）患者的生活品質並不比開發中甚至未開發國家好。我可以想像，若在非洲部落自訴出現幻聽、幻覺，當地人也許會認為這是巫師體質，社會地位瞬間提升。

這項研究也衍生出一個問題：已開發國家的衛生條件較好，也有較多支持系統，但是對精神病人而言，日子真的比較好過嗎？

我有一位同學在墨爾本修完課後，回到柬埔寨執業。二〇〇三年，柬埔寨僅有二十位精神科醫師，十九位在首都金邊，他是唯一的例

「精神醫療除了要了解病人的故事，還得知曉社會文化。」

外。他告訴我，他的病患常要搭五百公里的車才能到醫院，因此很難按時回診，諸如此類的事例，使我對精神醫學的現況及實務有了更多的啟發與了解。

為精神醫療史留下紀錄

在墨爾本求學期間，我也體悟到自己對社會環境與精神醫療的關係，似乎較其他同學更敏銳且自覺，這應當歸功於高人相授——葉英堃教授。

葉教授是我的大學長，一九四九年台大醫科畢業進入神經精神科，一九六九年創立台北市立療養院（現台北市立聯合醫院松德院區），一路打拚到公職退休。我到新光醫院的時候，他從北醫精神科二次退休，榮聘為新光顧問。當時他想請人協助整理回憶錄，我自動請纓，從二〇〇一年至二〇〇二年年底，每隔一至兩週拜訪葉教授，進行口述歷史訪談。

葉教授一九二四年出生，原想赴日學法律，適逢第二次世界大戰結束，日本前途未卜，便留在台灣學醫。

葉教授完成住院醫師訓練後赴北美進修三年餘，雖然當年的台灣精神醫學研究與臨床資源貧瘠，他毅然回國，與林宗義教授及幾位同僚，以十分有限的人力，規劃台灣精神醫療與心理衛生藍圖。

葉教授娓娓道來制定《精神衛生法》，施行強制住院等發展軌跡，與我稍後在墨爾本接受的交流與刺激，兩者交互震盪，我回國後盈滿各種感觸，迅速整理寫作，經葉教授修訂，於二〇〇五年出版《台灣精神醫療的開拓者：葉英堃傳記》，受到多位專業人士肯定，使我大受鼓舞。

還記得葉教授早期學生、長庚大學楊庸一教授在新書發表會對我說，會寫研究論文的醫師很多，願意讀研究論文的讀者寥寥可數；像我這樣能寫故事的人更少，「你的天分在這裡，不要浪費時間去寫、更不要砍樹去印那些沒什麼人看的論文。」

可我想起作家吳爾芙一九二八年在劍橋大學演講曾說，女性若是想要寫作，一定要有錢和自己的房間。儘管相隔近八十年，我仍不禁思索，在教學醫院中，一個年輕女性主治醫師能夠擁有這些空間與資源嗎？

二〇〇四年我自澳洲返台，在台大精神科週會借用吳爾芙「自己的房間」為題，發表未來研究方向，結果大家回應我：「妳真是喜愛文學」，接著便鼓掌結束。只有李宇宙醫師會

▲ 吳佳璇（左）為台灣精神醫療大老葉英堃（右）撰寫回憶錄，也從中感受到醫療不只是生理的診斷，更與社會環境息息相關。

後笑我：「妳太文青了，沒人知道妳想講的。」其實，我並非對身處的環境不滿，僅是反覆思索、自問，這樣以研究取勝的環境適合我嗎？

持續傳記寫作計畫

葉英堃教授傳記出版不久，二〇〇五下半年我又接了第二個傳記寫作計畫：《從北京到台北——精神藥理學家張文和的追尋》。在我撰寫葉教授傳記的過程中，訪問過許多他的學生及同事，包括張文和教授。

張教授一輩子從事精神藥理學相關研究。在他就讀北京大學時，北大附設醫院住進一位名人，是演唱《夜上海》、《何日君再來》的影歌雙棲大明星周璇。

一九五四年，已經發病好幾年的她從上海轉到北京治療，消息傳開，醫學院學生們爭相目睹本尊，張教授亦不例外。

只不過，待他到精神科實習時，周璇已轉回上海療養，他禁不住好奇，便至病歷室研讀周璇的病歷。隔年，《上海解放報》刊登周璇服用氯丙嗪（chlorpromazine，氯硫二苯胺）後病癒的消息，使他興起一探精神疾病與藥物關係的心念。

其後張教授經歷文化大革命，被下放甘肅省農村而中斷研究，直到文革結束，他被中國送往美國NIMH（National Institute of Mental Health，美國心理衛生研究院）進行研究，又陰錯陽差以反共義士身分來到台灣繼續研究二十年，教出許多傑出的學生。

看見癌症病患之苦

張教授的祖父是與齊白石齊名的書法家張伯英，在他三歲時寫了一副對聯「日有所思經史如詔，久於其道金石為開」相贈，期勉金孫做事要有恆心毅力。

這樣的話葉教授也曾以不同形式告訴我，他說聰明的人看過太多，但成功的特質是專注與恆心。

我自省是否太不專心，一直分神於教學、研究、服務、寫作等諸多事項，加上當時我最感興趣的研究題目是癌症病患的心理調適，但台大醫院的環境似乎不容許我專注於單項研究，幾經考慮，我選擇轉往和信醫院任職，專

「許多罹癌病患不僅要忍受身體的病痛，心理同時也承受著極大的壓力。」

注癌症病患治療。

許多罹癌病患，不僅要忍受身體的病痛，心理同時也承受著極大的壓力，有時，心理創傷來自醫師告知病情時太粗糙。

由於有些醫師擔心日後發生醫療糾紛，鉅細靡遺且一股腦兒告知各種嚴重併發症與後遺症，也有醫師一臉嚴肅且惜話如金，病患家屬雖滿肚子疑問，卻連問都不敢問。

也有家屬擔憂醫師告知病情後，患者會失去求生意志，每天在病房守著，就怕誰說溜了嘴，身心各自煎熬。

葉英堃教授早期曾從事相關研究，帶領學生在癌症病人往生後探訪遺族。家屬回憶，有些病患其實心知肚明，但顧念後輩一片孝心，繼續佯裝不知情，讓子女們欺騙；有些病患則是極不願配合醫囑，病情加劇後只能放棄治療。各種各樣的狀況，又使我興起撰寫一本適合台灣社會的腫瘤心理照顧手冊的念頭。

至偏鄉離島支援

不過，我的本土照顧手冊大夢，不敵二〇〇七年年底友人一通電話。打電話的是當時花蓮玉里榮民醫院副院長林知遠，他去支援因故差點開天窗的台東精神醫療，問我是否願意加入，三個月半年都好，幫他跑醫院外的業務，包括精神鑑定、監獄與榮家看診，以及偏鄉家訪等。

我一聽，好奇基因大動，決定隔年三月上工。有一次，因有居民回報某病人狀況不穩，

▼ 走入蘭嶼等偏鄉離島，吳佳璇看到更多故事，她因此體認所謂的正常與異常、善與惡，往往僅在一線之間。

我開了七十公里的車來到達仁鄉，與衛生所地段護士一起去訪問某排灣族部落。

我們到了病人家，勸久未接受治療且個人衛生不佳的病人到台東住院「體檢」，他竟然同意，家人喜出望外，趕緊幫他準備住院用品。

正當我聯絡醫院、安排住院事宜，病人突然「回神」說：「我又沒病！」一溜煙出門去了。留下一臉錯愕的我，還開車找了好一陣子，最後只好請家屬帶著病人的健保卡，搭我的車回醫院拿藥。

台東還有一項業務影響我至深。一個人口僅二十餘萬的縣，竟有六間監獄，收容人共近萬名。監獄中的犯人需要精神醫療，法院也需要精神鑑定，我因此接觸到更多人、更多故事。凡人無不期待善惡分明，總以為只要留心，就不會跨過那條線。可是來往監獄法院，我經常感嘆，這其間僅是一線之隔。

是罪人還是病人

舉個例子，有回精神鑑定，個案是三十歲出頭的女性，法院卷宗上的罪名是連續竊盜通緝犯，乍聽頗為驚人，問診後才知道她的命運十分悲苦，父親是老榮民，母親出身原住民弱勢家庭。

這位女性有輕度智能不足，國中肄業後，從事勞力工作。婚後因家暴而離家，又與後來的男友來到另一族的部落打工餵豬。某日上午工作結束，她與朋友一同飲酒，想起雇主曾說村子有間雜貨店可以賒帳，便至店中取了一些酒水後離開，結果老闆不認得新來的她，因此報案。

她回到聚會繼續與朋友飲酒，覺得肚子餓，就跟還不熟的工作夥伴借機車，騎去買點吃的。途中她不勝酒力，醉倒在路邊睡了一覺，醒來發現機車和同伴都不見了。

原來，機車車主找不到車，又叫不出她的名字，急得去派出所報案，由於不到幾個小時，牽涉兩起竊盜案，便以連續竊盜起訴。更荒謬的是，四處打零工的她當然不住在戶籍地，收不到通知書，多次開庭傳喚不到，檢方只好發出通緝令，她就這樣變成通緝犯……

法官來文詢問，這名個案心智狀況到底如何？犯案當下究竟有沒有能力辨識行為是否違法？如果能辨識違法，有沒有能力依照她的辨識結果行事？即便精神鑑定有相關規範，也有許多案例可以參考，發報告不難，我仍在思考，這個案究竟是罪人或是病人？她需要的是進監獄服刑，抑或更大的社會安全網？

此外，台東當時有兩所榮民之家（現在僅剩馬蘭榮譽國民之家，太平榮家已於二〇一三年走入歷史），榮民泰半年紀較大，開放兩岸探親後，有些迎娶中國新娘，退休俸卻被騙走，或如某位榮民鰥夫，續弦是位年輕許多但智能不足的女性，老少配的婚姻讓他的情緒經常處於緊張狀態，覺得周遭同袍虎視眈眈，甚至懷疑他人與老婆有染，某次拿刀砍傷另一位榮民，被送進精神病院。

這些人的經歷中，哪些是社會實況、哪些是精神疾病影響，在在考驗我的判斷。

人無不期待善惡分明，
總以為只要留心就不會跨過那條線。
可是這僅是一線之隔。

我也到蘭嶼、綠島兩地家訪，實際了解許多當地現狀，若是三十歲出頭的我，可能立即想將這些故事寫下來，然而四十多歲的我卻省思，輕率的寫出這些故事，會不會消費了某些特殊族群？是否僅是滿足一種獵奇的心態？

當醫師成為病患家屬

就在我到台東報到一個月後，我的母親被診斷罹患胰臟癌。我一方面在台東行醫，一方面成為病患家屬，這又是全新的震撼教育。

當醫師常常以權威的口吻囑咐患者應注意許多事項；成為病患家屬時，有時連希望母親多喝半碗稀飯都有困難。當醫師時要病患信任醫療，不能盡信抽血檢查報告；成為家屬時又經常擔憂，常常利用自己看診前，偷看母親最新腫瘤指數。

母親二〇一〇年辭世前後，我寫了兩本關於母親生病的書，《罹癌母親給的七堂課：當精神科醫師變成病人家屬》與《戰鬥終了已黃昏》，二〇一一年年中，結束台東三年半的階段性任務。我又問自己，走了這段長路，會不會迷途了呢？我想起曹操的古詩〈苦寒行〉中的詩句：「迷惑失故路，薄暮無宿棲。行行日已遠……」，開始認真思索用什麼方式把台東見聞寫出來。

真實的故事遠比小說更精采，我有這麼多故事，無論是離島所見的醫療不平等，或是對於罪人抑或病人的追問，即使尚未有能力解決問題，也許可以讓更多人從中汲取經驗而受到啟發。《謝謝你們，我的離島病友：浪人醫師飛向醫療現場的生命故事》，就是我以三年半的時間，走訪蘭嶼、綠島、監獄、原鄉部落與金門的行腳紀錄。

原本想以「行行日已遠」為書名，但編輯建議「謝謝你們，我的離島病友」更為簡明易懂。書中插圖是三總精神科曾念生醫師特別繪製。曾醫師中年拾起畫筆，我們至今已合作了四本書。

作家精神疾病之謎

除了出版前述的書，我又回頭著手整理原本想寫成心理小說的作家張愛玲資料。

許多精神科醫師是她的書迷，私下也會「職業病」發作，討論她的精神狀態。有人認為她有亞斯伯格傾向，因為她在文章中寫到喜愛油漆刺鼻的味道；也有人認為她兒童青少年時期的遭遇，根本就是兒虐家暴被害人；她晚年的書信還提及一些如妄想性蟲爬症的描述——究竟，這位「祖師奶奶」怎麼了？

我試圖以科學實證的方式來探究，於是多年前開始研究張愛玲的書信，發現她晚年因為醫師暗示自己並沒有被蝨子騷擾，應該改看精神科，之後有三、四年的時間中斷所有治療。一位六十幾歲的女士，在洛杉磯為了躲蝨子四處遷移，幾乎每三天換一間旅館，真是晚景堪憐。倘若遇見良醫，是否有機會改變她？

二○○六年至二○○八年，我為了寫張愛玲心理小說，跑了兩趟美西、兩趟上海、一趟香港，實地探查，蒐集各式各樣的資料。小說至今沒動筆，但資料足以寫幾篇文章，便在《聯合文學》雜誌發表了兩篇我對張愛玲的考察，其中一篇收錄於《張愛玲學校》。附帶一提，因撰寫張文和傳記一併考察周璇的精神疾病病史，也發表在《聯合文學》。

最近我常往返日本，蒐集寫作題材，包括無賴派始祖作家太宰治。日本許多精神科醫師認為太宰治可能患有妄想症之類的精神疾病，但很明顯的，他還有酒精、嗎啡等物質濫用的問題。他一生中試圖自殺多次，最後一次與情婦跳水離世。從臨床診斷觀點，太宰治的這些經歷，不僅影響到他自己，還有周遭的人，包括書迷。

接地氣的醫療生涯

我已是「半百老嫗」，仍抱著九二一地震發生時的心情，期許自己以醫療為根基，多做點事，興許不似蔣渭水❸那樣革命的事業，但從專業出發，結合醫學訓練、社會與人文觀察，台灣社會有太多值得記錄的故事和值得持續耕耘、開發的領域。

我曾改寫身邊故事，每週發表於《蘋果日報》，後來整理成短篇故事集《為什麼開藥簡單

❸日治時期醫師，成立「台灣文化協會」、發起台灣議會設置請願運動等多項社會改革。

開心難：精神科診間的人情絆》，想記錄當代多變的人際關係。

除了寫故事，我也曾在《康健》雜誌發文討論，從臨床醫師視角看台灣的醫療制度如何影響病患就醫與醫師的執業行為等議題。

醫學雖在教育體系被歸類在自然組，我卻認為醫療是社會科學、是政治學，醫療政策會產生實地影響，恩師葉英堃教授一生行誼，就是最好示範。

常言道：「神仙也有黏腳土」，我認為不接地氣的不會是好醫生。

我的地氣來自家庭，除了已經離世的母親，父親年紀漸長，也已確診失智。數年前，他開始出現失智徵兆，我就擔憂某天他出門後會忘了回家的路。

我希望能夠協助父親，讓他每天能安心出門，即使忘了回家的路，我也能找得到他，於是我譯介日本ＮＨＫ的專題著作《失智失蹤：一萬個遊走失蹤家庭的衝擊》，因為我深知，這不是一個人努力即可，台灣社會需要更多相關知識，團結更多力量。

持續拓展生命經驗

子曰：「父母在，不遠遊，遊必有方。」為了照顧父親，我現下較少出遠門，也為父親準備了ＧＰＳ手錶、愛心布標，並為他按壓指紋以防走失。

我一面工作，一面照顧家人，同時如詩人，也是精神科醫師的鯨向海說過的，結合醫學專業與寫作活動，增加自己的生活經驗，擴展生命感受的深度。

我們常講「與疾病共存」，精神科用 recovery 這個詞，意為就算生活因疾病或其他原因無法回到從前，我們仍能抱著好好過生活的心念繼續下去。

許多病患常說等病癒後再去做什麼，其實當下能做的，就不要等。這是心理上的復原，並非病情痊癒，而是帶病好好過生活。這也啟發了我，在陪伴父母親面對疾病的過程，仍持續不輟的積極生活與寫作。

我從不諱言熱愛醫業，但不代表放棄獨立批判的能力。

沒有人是孤島，人都需要群聚體的認同感。長久以來，醫界被社會賦予極大期許，不免自視過高，我試著將自己定位為inside-outsider（內行局外人），做任何事皆要與非理性的意識型態保持距離，要能獨立思考。我以此自我期許，也與各位分享。

戀上細節裡的絕美

名家
鄭穎

09

THEME

從實用到風雅

認識名家

鄭穎，長期浸淫於中國古典與現代文學之中，取得中國文化大學中國文學系研究所文學博士學位，現任教於臺北醫學大學通識教育中心，並擔任北醫大「人文藝術中心」主任。

器物是鄭穎的研究專業，也讓她體會到心靈安頓的美好。她曾自言，每當自己在現實與學院的生活中跌跌撞撞，只要走到故宮的宋代五大名窯瓷器前，心靈便會重新輕盈起來。

她陸續研究唐代以降的賞玩文化與文學，也曾細探清代《紅樓夢》中物質背後的內涵，發表多篇論文；二〇一八年並出版《物志：從古典到現代的文學「物」語》。跳脫以藝術賞鑑之眼看待「物質」與「文物」的既定框架，鄭穎重新思考歷代文人或創作者如何「以物言志」，又是如何建立「物」的美學譜系。

相較於當代人常將物質與心靈在消費社會下產生的虛無感連結，鄭穎細膩的抽絲剝繭，深入分析不同文人與器物間的故事。她發現，器物不只能展現歷史發展，還承載了賞玩者的生命歷程。對這些物件的珍愛，可能來自文化美學的滲透，或者寄託了對於特殊生命轉折人事的情感或眷戀，掌中一物，遙指精神的彼岸。

鄭穎視野的縱深，亦來自不同知識領域的相互對話。她的研究關懷從藝術史、文物、文學、歷史不一而足，如研究歷史小說，著有《野翰林：高陽研究》、選編《臺灣現當代作家研究資料彙編66：高陽》；並曾全面考察兼具藝術評論家、作家雙重身分的李渝之作品，寫成《鬱的容顏：李渝小說研究》。在閱讀、研究、與經典交會的過程中，她發現所有專注的凝視，往往只是結晶的一面；所有自以為的邊界之外，還有世界。

如此細細玩味，鄭穎看到文本與器物的諸般美感。

時光迢然，人世滄桑，唯有「物」成為結晶留存下來，她藉此回到前代文人心靈的所在，與千百年的哲思美感相見。看到器物中生命的蘊積，鄭穎的研究也提醒了現代人，在高度發展的物質文明中，依然有尋找人文意義的可能。

精采講堂

賦予一點美的想望，使所見、所用活躍起來，生活自然豐富而迷人。

《紅樓夢》第四十一回裡，賈母領著劉姥姥逛大觀園，一行人來到妙玉的櫳翠庵。妙玉是帶髮修行的尼姑，縱然平素孤僻，此時亦熱心款待，呈予各人的茶盞杯具皆講究非常。她將刻有小字「王愷❶珍玩」的「𤬪瓟斝❷」遞予寶釵，斟了「點犀𥁋❸」予黛玉，又有「綠玉斗❹」斟予寶玉，當中且可見她低調的政治手腕。

其中，她特別以「海棠花式雕漆填金雲龍獻壽小茶盤」托著一只「成窯五彩小蓋鐘」捧予賈母，同行的其他人則一律是「官窯脫胎填白蓋碗」。

這「成窯五彩小蓋鐘」，便是明代的「成化❺鬥彩雞缸杯」，在二〇一四年的香港拍賣會中曾創下天價紀錄。這只直徑七公分左右、胎

▲《紅樓夢》中妙玉給賈母使用的明成化鬥彩雞缸杯價值不斐，更代表著她的交際手腕。

體輕薄的小杯，需經過反覆上色燒製，工序繁複，在成化當時已千金難買，而這價值不斐的杯具，獨獨呈至賈母手中，還以「舊年蠲的雨水」沏上「老君眉」茶取代賈府常吃的「六安茶」。

由這些細節描繪出妙玉的用心講究，得見作者曹雪芹的匠心獨運，也無怪乎《紅樓夢》能成為經典。

超越實用的杯盞

談及杯盞，金庸的武俠小說《笑傲江湖》第十四回的〈論杯〉，精采之至，實屬名篇。

主角令狐沖回祖千秋道：「旅途之中，只有些粗碗粗盞，祖先生將就著喝些。」祖千秋卻指出他「對酒具如此馬虎，於飲酒之道，顯是未明其中三昧」，接著便引許多唐詩詩句說明因應場合使用不同酒杯的內涵。

「玉碗盛來琥珀光」，因此喝汾酒當用玉杯來增酒色；犀角杯則增酒之香醇，當用在關外白酒。高粱酒需用青銅酒爵，始有古意。又

❶ 王愷為西晉外戚，以豪奢著名。
❷ 斝為中國古代酒器，沈從文認為「瓟瓟斝」指用爬瓜仿作斝形的茶具，且諧音「班包假」，暗諷寶釵性情真中有假。
❸ 庚辰本、戚序本皆作「杏犀䀉」，學者周汝昌據此認為此處諧音「性蹊蹺」，暗喻黛玉性格多疑冷僻。
❹ 綠玉斗是妙玉自己使用的杯子。前文中劉姥姥碰了成窯的茶杯，妙玉嫌髒，便連忙命人擱在外頭，此處卻將自己的杯子給寶玉，暗暗透露兩人不尋常的緣分。
❺ 明憲宗年號，期間從西元一四六五年至一四八七年。

如白樂天（即白居易）在〈杭州春望〉詩中道「春期沽酒趁梨花」，喝梨花酒必用翡翠杯，以襯托春天氣息。

至於「葡萄美酒夜光杯，欲飲琵琶馬上催」，祖千秋解釋：「葡萄美酒作豔紅之色，我輩鬚眉男兒飲之，未免豪氣不足。葡萄美酒盛入夜光杯之後，酒色便與鮮血一般無異，飲酒有如飲血。岳武穆（即岳飛）詞云：『壯志飢餐胡虜肉，笑談渴飲匈奴血』，豈不壯哉！」

此外，由器皿用具的講究，亦可得窺一人

▲ 清代玉高足杯。金庸小說《笑傲江湖》中提到，以玉杯飲酒能增酒色。

▲ 商代晚期的子父辛爵。以青銅酒爵飲用高粱酒，能顯露古意。

▼ 雍正官窯的作品琺瑯彩瓷青山水碗，同時表現了書畫雅趣。

之性格。

在早年民間野史乃至戲劇中，總將清朝雍正皇帝塑造為弒父逼母、殘害功臣兄弟，還豢養一批使血滴子❻誅殺異己的衛隊。

然而走入台北故宮博物院，由院藏文物觀之，雍正卻獨具文人品味，如日常飲茶的杯盞，便以鈷藍釉色的深淺淡出對比，繪置中國山水意境，表現出「詩、書、畫、印」四絕。此份雅致，在歷代帝王中可謂十分特出。

顯見，除了實用以外，若能多一些想望，則多一分美好，其風雅自成。

由實用走到風雅，文人最懂箇中真趣。

❻ 血滴子為一種傳說中雍正發明的兵器。

古人有「過眼錄」，如今日的「備忘錄」，記述見過的珍玩、古玩、書畫，譬如大唐張彥遠所著《閒居受用》。

為生命再添豐實

張彥遠出生於累官三世的宰相門第，家族歷代喜好藝術收藏與鑑賞，其藏品幾可媲美皇室。這般出身教養，使他在書畫理論和書畫史研究上表現非凡。

《新唐書》盛讚他「博學有文辭」，其書畫著錄品評不僅寫形言物，更重視形似之外的氣韻與自然神妙，堪稱中國書畫專門理論的締基之作。他的華美文藻亦開啟賞玩書寫既載物又載情、既藝術又文學的洞天福地。

《閒居受用》原書早已不傳，但後人能從張彥遠另一本《歷代名畫記》中，一窺他愛物成癖的情狀及原因：

余自弱年鳩集遺失，鑒玩裝理，晝夜精勤，每獲一卷、遇一幅，必孜孜葺綴，竟日寶玩。可致者必貨弊衣、減糲食，妻子僮僕，切切嗤笑，或曰：「終日為無益之事，竟何補哉？」既而歎曰：「若復不為無益之事，則安能悅有涯之生？」是以愛好愈篤，近於成癖。每清晨閑景，竹窗松軒，以千乘為輕，以一瓢為倦。身外之累，且無長物；唯書與畫，猶未忘情。既頹然以忘言，又怡然以觀閱。常恨不得竊觀御府之名跡，以資書畫之廣博。

文中所謂「若復不為無益之事，則安能悅有涯之生？」他終日忘情於旁人眼中「無益」

的書畫，以功能而言，因與實用無關而無益，卻能令人惓眷其中、寶玩終日，其虔誠考鑑，可以日夜鑽精，亦可樂而忘憂，為有限的人生帶來無限的樂趣。「風雅」迷人且安頓身心，可見一斑。

追求風雅本是「錦上添花」之事。一如織錦本是衣料，可供生活所需，然而再添上紋理花樣，生命才更顯豐實；若不如此，杯子能呈水、器皿能插花便也足矣，這是大收藏家給予我們的生命啟示。

另一位宋代收藏大家趙希鵠在《洞天清錄集》論及銅瓶：「古銅器入土年久，受土氣深，以之養花，花色鮮明如枝頭。開速而謝遲，或謝則就瓶，結實。若水銹，傳世古則爾，陶器入土千年亦然。」銅瓶清供冬日梅枝，雖在小

若在實用以外多一些想望，
則多一分美好，其風雅自成。

閣，卻使人能同時想見滿月、清淺小溪，此正是宋人飽含了知識譜系的清賞美學。

由此而生，則人與世間萬物都有了相依相親的關係。

文人清雅，無處不在

尤其五代入宋後，啟用大批文人為官主政，宋代文人因此無暇遊賞山水，便將自然景物以屏風、畫軸等形式移置室內，又擺設各式古物文玩，以便公務之餘自得其樂。畫面江山，有河朔[7]氣象；彝鼎膽瓶[8]，能知鑒古今，由格物得理趣，進而知天。

宋人從雅賞行為發展出許多雅翫寶笈，當中可見此類清賞、清雅於宋人生活中無處不在，文房珍玩、書齋清供，俯拾皆是文人清雅。

北宋初年始，「勘書」、「文會」、「雅集」主題的畫作，不只存真保留了當代的物，亦充分展現文士風雅的清賞行為。

如王齊翰的《勘書圖》，大型三疊山水屏風之前有一長榻，長榻之上有書冊、畫卷、琴囊等物，長榻旁另有一文士挑耳勘書。

書卷舒展於桌案上，文士的衣服線條圓勁又帶轉折，頓挫流漫而下，微略翹起的足尖，呼應側頭挑耳、斜目勘書的神態，十分怡然愜意。屏風畫面則層巒蒼翠、林木鬱蓊，雖在書房，卻如在山林，有清風徐來的快意。

另一幅曾於台北故宮博物院「千禧年宋代文物大展」展出的《宋人人物冊》，亦有類似的情境。

▼ 五代王齊翰的《勘書圖》，表現了文人於生活中落實清雅的精神。

巨幅屏風前，頭戴束冠的文士單腿盤坐榻上，一手執筆，一手微微抬起書卷，衣帶舒暢而下，踩腳墊上閒置一只鞋履。文士的肌肉線條柔和，正自然側頭看著小僕執壺斟酒。

長榻前環繞著鶴膝棹❾、案桌，案桌上有琴、棋、書、畫、蓮形紅爐、紗罩茶盞。另以片石砌成疊狀，其上置放鮮活盆玩，盆中正供花。屏風上繪汀渚水鳥，蒹葭蒼蒼，未著窗欄邊界，文人與其雅好之物同在，更顯天寬地

❼ 河朔，泛指黃河以北的地方。

❽ 彝鼎泛指古代祭祀用的禮器。膽瓶則為一種瓷器的器型，有直口、長頸，瓶身膨大如膽狀，在宋代最為盛行。

❾ 宋代一種小而輕便的高桌，因桌腳中間有凸起如鶴膝竹而得名。

闊、恬適澹然。

宋徽宗的《文會圖》，空間則由書房移至戶外園林，獨樂樂薈為眾樂樂，是文人「雅會」題材由夜宴轉型至園林形式的經典畫作。

此圖青綠設色，摹繪始自唐太宗的「十八學士」題材。兩棵茂密參天巨木下，文士環繞桌几、坐於凳上，或交談，或顧盼，或獨酌靜

▲ 宋徽宗《文會圖》是把文人世界從書房移至園林的代表作。

賞，氣氛高雅閑適。桌上有果品清茶、各式茶盞器皿。道君皇帝趙佶（即宋徽宗）於上題：「儒林華國古今同，吟詠飛毫醒醉中，多士作新知入彀，畫圖猶喜見文雄。」只顧縱情逸樂、荒顧江山的他，在畫中顯露企慕太宗的廣納天下才士之情。

名為「文會」，然而圖中如實畫出杯具器皿桌凳，定窯及青白瓷器物具備、樣樣寫真，展現出晚唐迄宋，因物質愈繁，文人賞玩文化愈隆的現象。

明代文學家袁宏道擅寫小品，他在〈晚遊六橋待月記〉中記道：「今歲春雪甚盛，梅花為寒所勒，與杏桃相次開發，尤為奇觀。」繁花盛開，卻害怕雨季將至，無從得見，袁宏道描述眾人紛紛趕赴觀賞美景的熱鬧場面：「綠煙紅

霧彌漫二十餘里，歌吹為風，粉汗為雨，羅紈之盛，多於堤畔之草，豔冶極矣。」

這番趕赴美景、追求風雅的心情，亦見於張岱的〈湖心亭看雪〉。

張岱生長於明代世家，由明入清之際家道中落，便以餘生寫就文集《陶庵夢憶》，記述一生之美好經歷。

卷三〈湖心亭看雪〉中云：「大雪三日，湖中人鳥聲俱絕」，張岱想一睹大雪三日後湖心亭美景，雇了一葉小舟前去，果然「天與雲與山與水，上下一白」。抵達湖心亭時已有二人鋪氈對坐，一名童子正在燒酒，一見到他，欣喜道：「湖上焉得更有此人？」，相邀飲酒對談後道別，駕舟的船夫喃喃道出：「莫說相公痴，更有痴似相公者。」

除了即時行動、在生活中講究，
有時風雅的追求，
來自對美的多一分敏感或渴望。

可以想像在大雪之日，舟子仍要出門，必是不甚情願，卻見早有更痴之人，這番情景與心境的對比，也引讀者會心一笑。

清代的角色扮裝

到了清代，康熙皇帝廢黜太子胤礽，奪嫡宮鬥紛紛而起，因此昭告有生之年不再頒立繼位人選，同時封胤禛（即雍正）為雍親王，賜圓明園為府邸。

▲《十二美人圖》描繪了十二種生活清雅，圖為「博古幽思」。

雍正在圓明園內繪製了十二美人屏風，置於書齋「深柳讀書堂」。即位之後，他命人將屏風全數取下，送回清宮重新裱褙收藏，屏風因而避過圓明園大火，這就是《十二美人圖》的由來。

十二美人若以五官判別，僅以三、四人之相貌為基底，襯以不同的衣飾布景，像極了今日的角色扮演（cosplay）。雍正本人亦曾命畫師繪下諸多變裝肖像，成為一系列的《雍正皇帝行樂圖》，其中有文人、江南名士、打虎英雄等不同造型，以此自娛。

《十二美人圖》中原有如意、縫衣、博弈、對鏡、念珠、下棋、觀書、倚門觀雪、品茶等當時認為生活中清雅之事，同樣的形式置換為漫畫、線上遊戲、VR虛擬實境等元素，便成為現代版的十二美人，亦呈現了現代人之生活風貌。

注入多一分耽美

除了即時行動、在生活中講究之外，有時風雅的追求，來自對美的多一分敏感或渴望。張愛玲在散文〈更衣記〉中寫道：「如果當初世代相傳的衣服沒有大批賣給收舊貨的，一年一度六月裡晒衣裳，該是一件輝煌熱鬧的事罷。你在竹竿與竹竿之間走過，兩邊攔著綾羅綢緞的牆——那是埋在地底下的古代宮室裡發掘出來的甬道。你把額角貼在織金的花繡上。太陽在這邊的時候，將金線晒得滾燙，然而現在已經冷了。」

她述及晾衣，「回憶這東西若是有氣味的話，那就是樟腦的香，甜而穩妥，像記得分明的快樂，甜而悵惘，像忘卻了的憂愁。」出自早慧才女筆下的這番迷戀之情，便連晒衣此等日常之事，都變得華麗異常。

張愛玲亦擅長繪製插圖，如《金鎖記》中入木三分的曹七巧畫像，《第一爐香》中亦見許多插畫，可以想像她在小說中諸般圖文細節的刻劃，正是一種耽美的特質。

散文篇篇雋永的董橋，曾在〈小風景：送別大雅古玩商人〉中描寫一名老古董商，彷彿與他的古玩鋪融合為一，「長年靜靜坐在他嚤囉街的古玩舖閱盡中國文化千年的春風秋雨，摩拳歷朝粉黛的悲歡，梳理秦漢唐宋的興衰，為明清玉簪的輪迴欷歔，為春秋劍珌⑩的血沁激動。」

曾經有位書畫家江兆申造訪他的店鋪，買了一對漢代的銅印，他形容這位老闆：「此老滿身是久違的古風！」如同這樣的人，光是耽戀忘情於某個自己非常喜愛的世界中，生命質地便因之而豐富且安頓。

然而，我們可再進一步思考：風雅必定奢華、昂貴嗎？

台灣知名導演李安的《臥虎藏龍》描述武當高手李慕白與鏢局女當家俞秀蓮相偕赴北京貝勒府，捲入江湖中的一連串愛恨情仇。

在他們往南方追蹤青冥寶劍下落途中，兩人在竹林亭間歇憩，俞秀蓮取出竹杯竹筒，

光是忘情於某個自己非常喜愛的世界，生命質地便能因此豐富且安頓。

倒茶分予李慕白，二人便在一方空間中默然對望，真可感覺到「永恆」之一瞬。在那樣的時刻與環境，配以恰如其分的器具，充分展現出風雅之質。

又如曾選入小學課文中的〈一束鮮花〉，有位懶散的人，蓬頭垢面、居處凌亂，有天友人送他一束潔白的鮮花，為與鮮花相襯，他先是洗淨花瓶，又清理桌子，進而打掃家屋，最後將自己的儀容亦整頓一番。

可見風雅無須昂貴，而是本於生活中，如同蝴蝶效應般，多一點思想，多一點講究，多一點耽美，多一點迷戀，即成「風雅」。

❿ 珌，佩刀刀鞘下端的裝飾物。

一個人**走路**，走**一個人**的路

名家
黃麗群

10

THEME

一位作家的旅行獨白

認識名家

在黃麗群身上，有股衝撞的時間感。

於媒體產業打滾多年，從《壹週刊》鐘錶線記者到新媒體《娛樂重擊》副總編輯和《旅飯》總編輯，黃麗群習於高速運轉的生活型態。

回到自己的寫作上，她又是需要沉澱的。這位文學獎常勝軍，從二〇〇一年出版第一本小說《跌倒的小綠人》到交出第一本短篇小說集《海邊的房間》，歷經了十一年之久。後來在專欄「三少四壯集」的「鞭策」下，才又凝結出散文集《背後歌》；接著以《感覺有點奢侈的事》，反思自己的文學人生。

黃麗群自述，寫作從發想到擁有雛形的過程，常需要三個月甚至半年的沉澱和打磨。然而，文學一開始對她而言是隨意而為，正如她做了時尚雜誌，又跨足旅遊媒體，一路以來沒有特別想做的事，寫作也不是她的生活重心所在。覺得有趣、可以做，就去做。

諸多這般看似隨興的選擇，在時光的雕塑下漸漸有了指向。大學便開始寫作，等她邁入三十歲回望自己寫作的軌跡，才真正意識到文字是自己的擅場，並在其中接過一份對社會的責任。

媒體與文學交集而成的生活圈讓她思考，前者快速而密切的回應某時某刻的生活情境，相較之下，文學雖缺乏「速效」，卻能留存住對一個時代人的感受和想法，在往後製造出一份共鳴，使後人更加理解一個時代。

至於她看現今的時代，龐大的數位資訊、濃稠的社群連結鋪張而來，個性安靜的她在其中產生莫大壓力。黃麗群分析，「在我們所處的時代，所有事都太快了。我一方面覺得高轉速非常有趣，我熱愛科技的新奇，但身體裡的CPU大概還是舊的，有時候會累。」

回顧跨入媒體業之始，就連「打電話」和採訪對「與人交談」的需求，都讓她花了一番心力適應。黃麗群讓自己進入那快速的節奏當中，卻仍舊保持一顆冷靜自持的心，半抽離的以書寫觀看著世界。

從當初那個會因自己的作家身分而恐慌的黃麗群，到現在經常自嘲散漫、懶惰，以不帶激情的人生觀過日子的黃麗群，在時間的夾縫中，似乎也透過一個字接著一個字的安撫，逐漸找到舒服的姿態，平衡自己被快速耗費的人生。

精采講堂

旅行讓人面向世界，寫作使人回歸內心，而所有的路，最後的終點都是自由。

記憶中，我在大學階段，尚未真正體會一個人旅行、獨自離開原生的環境是怎麼回事。年輕時不這樣做的原因有很多，比方可能對自己缺乏信心；再者，我年少時生活在「前Google時代」，沒有如今多數人所習慣的網路、手機APP，旅行並不容易，一個人旅行更是極具挑戰。

舉例而言，今日要赴西班牙甚至非洲旅行，聽來稀鬆平常，但作家三毛❶在她身處的時代，以單身女性、隻身旅行、沙漠、流浪等元素的組合，成為一位現象級的寫作者。即便以作品本身而論，時至今日，她仍是十分傑出的作家，但若在如今的網路環境下，或許她便無法取得同等的重要性與地位。

過度連結的時代

既然一個人旅行已變得容易許多，為何今日還要談這個主題？這是因為，我覺得在這個時代更需要一個人旅行。

常聽聞一種說法，認為現今是個疏離的時代，舉凡聚會時眾人埋首滑手機、缺乏面對面的交流。我對此卻抱持相反意見，我們並非生活在太疏離的時代，反倒是太過緊密。社群平台臉書（Facebook）的出現，使我們更要面對艱難的人際問題。

在我年少時，那個「前Google」、「前臉書」、「前Instagram」的時代，每個人都是單獨的節點，每個節點會放射出不同的人際圈。我可能會有A、B、C三群朋友，各持相異的人生態度、政治立場，或對社會議題有各自的價值取向，做為一個共通的、折衷的節點。我也許接受部分朋友的價值觀，也許與某群人特別建立起革命情感，但彼此了解個別的價值觀，也約略明白界線何在，使質地互異的朋友群之間有些緩衝。

社群平台的出現，卻使這些朋友群之間，透過我這個節點產生更多交集，甚至短兵相接、密集碰撞，升高人際的衝突。

又如這一年來，我雖然出國機會不少，卻有意識的盡量不在臉書發照片與貼文。也許僅是無意透露生活細節，但對於不了解我工作性質或生活型態的人而言，頻發出國文可能貌似炫耀，或引來若干不友善的詮釋。

如今在臉書上，「閃」字已成為慣用語。我們或多或少會在社群平台上做些「閃」別人之事，或所謂的「曬恩愛」、「曬美食」，或告訴大家自己參加了一場豪華派對，諸如此類。在現今的網路傳播環境中，有太多容易引起他人妒忌的可能。

❶ 三毛在一九七〇年代以在撒哈拉沙漠的生活及見聞為背景，出版《撒哈拉歲月》等一系列散文作品，引領風潮。

從日常抽離

我曾讀過一篇研究指出，若一個人在社群平台或網路影片上花費的時間愈長，代表生活愈不快樂；甚至有痛苦的人在網路上佯裝快樂，過得好的人卻在佯裝痛苦「討拍」等現象。

網際網路出現並成為日常的生活型態，僅是近二十年間發生之事。二十年也許還未足以完成人性的進化，但中世紀的人們一生所接收的資訊總量，約莫只等同於一份一九八〇年代《紐約時報》的資訊量，即便我在社群媒體上的好友數極低、訊息量亦不高，這樣的人際密度、張力與資訊流量，恐怕已足以誘發許多性格及情緒中的不穩定因子。

因此，過往的時代，一個人旅行可能是種冒險，可能帶些浪漫與詩意的抒發；在現代，至少於我而言，一個人的旅行是使自己遠離過於濃稠的人際關係。

一個人旅行十分有趣之處在於「陌生化你的日常」。

假如有旅伴或使用同樣語言的人在身邊，我們必定開始交談討論，商量要吃什麼、往何處去，如此便難以抽離原先的心理狀態及生活慣性。

語言是人類建立關係最主要的工具，一個人旅行，無法使用母語，無法動用所有的日常慣性，便立即感受自己身處在非常陌生的環境中，陌生化自己的生活，同時也是陌生化自己的身分。

▼ 金澤並不熱鬧，十分適合一個人到訪。

我在職場多年後，決意離開朝九晚五的工作。然而，彷彿戲偶般，我的背後依然交錯眾多的絲線，毫無獲得自由的感受。我不愛說話，平常甚至不接電話，總是要確認來電的對象後再回傳簡訊或回撥，因此依我的性格，一個人旅行實在是件愉悅的事。

漫遊金澤

金澤是座十分適合一個人到訪的城市。我赴日本金澤旅行已有七次，最喜愛住在一間文青風格的膠囊旅館。膠囊旅館除了價格實惠，最大的好處便在於每位住客皆有獨立出入的空間，無須與他人打交道。

我盡可能一個人在金澤，旅行時每日便是

完全無目的、無預期的在城市中漫遊。

早晨離開膠囊旅館之後，我會沿著河走。幾乎每座美好的城市皆有圍繞著河流的故事，因此河流的沿岸通常有著城市中最老舊與奇特的景象，如同獨有的胎記。

沿著河，不帶任何想法或預期，我也永遠不需要擔心身邊的人走不走得動、會不會餓、想不想折返，令人輕鬆愉快。對比於日常生活，無法想像更自由的可能了。

躲過戰火的城市

金澤介於關東與關西之間的北陸中部，面對日本海，有著悠久的歷史背景，但在日本新幹線通車之前，仍相當沉寂，被視為地方城市。

「在現代，一個人旅行能使自己遠離過於濃稠的人際關係。」

金澤本是江戶時代❷的加賀藩，現今金澤所屬的日本石川縣與緊鄰的半個富山縣，便是江戶時期加賀藩的所在地。而今日聞名的加賀屋旅館集團，最早便起於金澤附近的七尾市和倉溫泉。

加賀藩的開山宗主是日本戰國時期的名將前田利家。前田家族在德川幕府之前為豐臣秀吉政權的重臣；江戶時代之後，領有百餘萬石的俸祿，坐擁背山面海、易守難攻地形，成就其強權之勢。進入江戶幕府時期後，過去同為家臣的德川家族成為上司，前田仍能偏安一隅，倚靠的便是強大的經濟實力了。

加賀藩出產全日本絕大部分的金箔，其餘尚有陶器、和服等各項精緻工藝，加賀友禪染❸和服布料極盡華麗，至今仍富有盛名。這樣的經濟實力與擅於隱忍的家族性格，使得金澤自古便帶有遺世獨立的特性。

二次大戰期間，原先駐守金澤的軍團被調至太平洋戰區，後移防到台灣的新竹，由於未有駐軍，當時位居第四大城市的金澤因此避去遭轟炸的命運，成為日本境內極少數未被戰火波及之地。

凡此種種歷史與風土因素，養成了金澤彷

❷江戶時代由一六〇三年開始，至一八六七年結束。德川家康受封征夷大將軍，在江戶（現東京）建立幕府政權，開啟了江戶時代。大政奉還後，天皇重掌實權，日本封建統治也畫下句點。

❸友禪染是在和服等布料上繪製人物、花鳥等華麗圖案的一種染色技法，以京都的京友禪與金澤的加賀友禪最為著名。京友禪華麗古典，加賀友禪則表現寫實的繪畫基調，被指定為日本的傳統工藝品。

佛總是背對人間世、背對權力中心的性格，不像東京或京都等四處充滿訊息的熱鬧城市，金澤人個性極其孤僻。

背對世界的姿態

歐洲宗教改革時期，許多法國的鐘錶匠師因禁奢政策轉往瑞士發展。如今瑞士鐘錶舉世聞名，如果大家有機會前往瑞士高級鐘錶廠的汝拉（Jura）山谷，便會明白為何此處得以發展出如此精巧的工藝，實在是因為身處那片苦寒而貧瘠的土地，除了於製錶工藝上精益求精外，大概也無處排遣寂寥了。

一地的風土氣候，真會養成一處民情，金澤也是如此。

走在金澤的街道上，那些未受過空襲毀壞的舊建築，由江戶、明治、大正到昭和，各個不同時代的遺跡就在路途中反覆鋪陳，見證這座城市的興替發展。

約在一九六〇年代，其他地區尚未興起保護文化財與景觀的概念時，金澤開風氣之先，成為全日本首座制定景觀保存條例的城市。當地人注重細節，甚至約束自動販賣機在夜間的燈光亮度不能破壞周圍環境氣氛。以保存傳統建物著名的東茶屋街，由中心點向外，視線所及之處皆禁止興建高樓。

另一個例子，表現在舊式建築的木窗格上。有種特別的造型稱為「木蟲籠」格子，一般印象中的木窗格便是長條的正方柱體，木蟲籠格子卻是梯形的，長邊向外短邊向內，外寬內細的造型可讓光線斜射進室內。

由於金澤多雨，冬季長且多雪，如此的設計可增強室內採光。此種窗格尤其特殊之處，在於可遮蔽屋外人往內窺探的視線，在屋內卻能清楚看見屋外的動靜。

此種做法約略呼應著金澤人的性格，不讓

▲ 金澤街道保有著歷史感和隱蔽感，和當地的文化與孤僻性格相呼應。

人窺見，卻要由內默默觀察來者。也許某些人喜愛到熱鬧的地方旅行，然而這樣的金澤卻十分引起我的共鳴。

這並非意指金澤缺乏人情味，當地人那種不以熱情攀談、隨興表露情感的方式，採取一種背對世界的奇異姿態，於我而言，正與許多寫作或生命歷程的狀態相呼應。

我並非循「正規」寫作路途的人，既未曾在中學時期便熱愛文藝、加入相關的社團，大學也非中文系科班，更無師承。自小到大，似乎未曾認真思考過人生的方向，在無數可能中走到今日，其實是始料未及的。

我成長於以聯考升學的時代，在中產階級式的教育環境下，似乎國中讀完便要考高中，既然上了高中便要讀大學，彷彿現代版的科舉，有一道「正軌」，卻也無人教導我們考上之後又是如何。因此，在我確知考上大學的那天，突然覺得好似已經做完了所有該做的事。

選填志願時，我既不願離家求學，對於法、商類的科系也無興趣，再考慮成績等因素，選了政治大學哲學系。

踏上寫作之路

就讀大學的第一天，便是我確知自己一點也不愛讀書的那一天，學業斷斷續續，最終讀了六年才畢業。在學的六年間，因為成績也不佳，對於生活、對於我是誰、想成為什麼樣的人，產生了根本的懷疑。

在此狀態下，我與當時正興起的網際網路相遇了。經歷過自己架設網頁及部落格、許多部落格沒落又再起等許許多多數位世界的變化，無論如何，這總算是一個新的空間。

我並未抱持著要寫給誰看的心情，僅僅是寫自己想寫的，然後存放在電腦與網路上的某個空間。網路時代的來臨，使我有機會遇見同齡生活圈以外的人。

畢業之後我到出版社任職，當時正值金庸的作品將改版，我便成為金庸的編輯之一，其後轉至報社工作，又由報社到雜誌社工作了許多年。

數位媒體時代之前幾乎所有類型的平面媒體我都經歷過，然而我仍像個在路上漫無目的行走的人，二十歲至三十歲這十年間，由這張辦公桌到下張辦公桌，如此在這個城市中遊走

▲ 無論旅行或寫作，都是為了在孤獨之中找到最大的自由。

著。

我不會唱歌跳舞、不會繪畫、不懂音樂，只擅長文字這種表達形式，十年間唯一持續的便是寫作。

一場內心的健行

開始寫小說後，起初寫完便收存著，從未給其他人讀，也從未參加任何獎項的徵選，僅僅想保留這份樂趣。大約二十五、六歲時，某次與友人談起，才開始覺得似乎應該練習接受可能的挫敗，於是開始投稿文學獎。

相當幸運的是，我在參加文學獎的過程中並未受過太大的挫折，但也從未因此覺得自己有什麼特出的才華，或因此認定自己是一位作家，反而比較像是非常任性的、孤獨的、日常的走著，再加上一些運氣吧！

有人說寫作如同一段旅程。旅行於我而言並沒有多麼了不得的定義，反倒是相當直白樸素的事情：尋找一種最大可能的自由。尤其是一個人旅行、一個人走路，更是如此。

然而，寫作的孤獨更類似於「走一個人的路」的心理狀態。過去的一年間，我思考了一些事，「一個人走路」與「走一個人的路」畢竟有所不同。

一個人走路是一種開放性的選擇，去加入眼前的環境，或者隨時在環境中被加入；走一個人的路，更貼近我在寫作過程中的體會。

我常與一些年輕的寫作者分享，寫作是一道修行的路，其間要經歷與克服的，並非技巧的優劣，真正過不了的關隘皆來自內心的鍛鍊。寫作是手工藝，只要花時間練習便會有成果，然而動筆之時，通常對於作品會將自己帶向何處毫無所悉，因此寫作者會不斷自我懷疑，最大的考驗便是要克服那巨大的、無人能解救的不確定感。

寫作與其他的創作型態最大的不同處，便在於這是完全一個人的路。

想拍攝一部影劇作品或者舉辦一場畫展，總需要牽涉到其他工作夥伴，或與其他人的共同創作相關，能夠完全操之在己的部分實在非常有限。相較之下，寫作是個人主導程度最高的創作形式。

寫完一部作品之後，至多視對方需求決定能不能發表，或者與出版社編輯有些合作的討論往返，但最終無論有沒有讀者，得到刊登機會與否，完成一個階段的寫作，我便擁有了那部作品，其餘的事似乎也就不那麼重要了。

寫作確實像是走路的過程，有時從頭至尾，有時半途出發，有時甚至可能倒溯而行，過程中會有許多思路的整理與內心的健行，在日常中進入非日常的狀態，而且全權操之在我。這是寫作帶給我的趣味所在，也是我持續不輟的原因。

（本文為演講逐字稿側記整理）

醫學人文 BMP013

陌生的美麗
突破日常的人文力量

國家圖書館出版品預行編目(CIP)資料

陌生的美麗：突破日常的人文力量 / 張錯等著；
.-- 第一版. -- 臺北市：遠見天下文化, 2019.04
面；　公分. -- (醫學人文；BMP013)
ISBN 978-986-479-677-9(平裝)

1.言論集

078　　108005604

作者 ── 張錯、劉克襄、林正盛、黃尹青、李清志、林強、雷光夏、鍾文音、吳佳璇、鄭穎、黃麗群
客座總編輯 ── 林建煌
專案總策畫 ── 張錯
專案執行策畫 ── 鄭穎
專案顧問 ── 謝宗宜、陳瑞玲、孫天虹、林進修、湯雅雯
主編 ── 李桂芬
責任編輯 ── 詹于瑤、林妤庭（特約）
美術指導 ── 李健邦
美術設計 ── 王憶靜（特約）
攝影 ── 黃鼎翔（特約）（P10、64、70、77 全、80、83）、劉振祥（P128 左）、馬華（P136）、陳藝堂（P143）、陳鴻文（P166）、賴小路（P208）
照片提供 ── 張錯（P16、23、25、26 全、27、28、32、33 全、34、37、40 全）、劉克襄（P42）、Shutterstock（P54、59）、黃尹青（P84）、Georg Jensen（P89）、Van Cleef & Arpels（P91、102）、MIKIMOTO（P92 左）、林曉同（P92 右）、李清志（P104、109、110、114、119 全、124 全、126 全）、林強（P134 上）、三三電影（P134 下）、財團法人國家文化藝術基金會（P136）、雷光夏（P128 右、141）、鍾文音（P146、151、154 全、163）、吳佳璇（P178、182）、鄭穎（P190、194、196 全、197、201、202、204）、黃麗群（P215、219、221）

出版者 ── 遠見天下文化出版股份有限公司
創辦人 ── 高希均、王力行
遠見・天下文化・事業群　董事長 ── 高希均
事業群發行人／CEO／總編輯 ── 王力行
天下文化社長／總經理 ── 林天來
國際事務開發部兼版權中心總監 ── 潘欣
法律顧問 ── 理律法律事務所陳長文律師
著作權顧問 ── 魏啟翔律師
社址 ── 台北市 104 松江路 93 巷 1 號 2 樓
讀者服務專線 ──（02）2662-0012
傳真 ──（02）2662-0007；2662-0009
電子信箱 ── cwpc@cwgv.com.tw
直接郵撥帳號 ── 1326703-6 號　遠見天下文化出版股份有限公司

電腦排版 ── 立全電腦印前排版有限公司
製版廠 ── 東豪印刷股份有限公司
印刷廠 ── 立龍藝術印刷股份有限公司
裝訂廠 ── 中原造像股份有限公司
登記證 ── 局版台業字第 2517 號
總經銷 ── 大和書報圖書股份有限公司 電話／(02)8990-2588
出版日期 ── 2019 年 4 月 30 日第一版第 1 次印行

定價 ── 380 元
ISBN ── 978-986-479-677-9
書號 ── BMP013
天下文化官網 ── bookzone.cwgv.com.tw

天下文化
BELIEVE IN READING